Sicher ist sicher. Bei aller Sorgfalt, die wir bei der Recherche haben walten lassen, können sich Öffnungszeiten auch einmal kurzfristig ändern, oder ein Lokal ist gerade an Ihrem perfekten Brüssel-Wochenende ausgebucht oder geschlossen. Darum empfehlen wir, grundsätzlich möglichst weit im Voraus zu reservieren. Ein kurzer Anruf genügt, und Sie können sicher sein, zur vereinbarten Zeit einen Platz zu finden.

Reihe „Ein perfektes Wochenende in …"

Idee und Konzept: Nicola Bramigk, Nancy Bachmann
Texte: Sabine Danek
Fotos: Christina Körte, S. 26 The Dominican

Umschlaggestaltung: Rahel Streiff
Art Direktion und Illustration: Cindy Bachmann, Rahel Streiff
Redaktion: Nicola Bramigk, Nancy Bachmann
Lektorat: Gesina Happe

Projektleitung: Sabine Sternagel
Produktion: JournalMedia GmbH, München
Herstellung: H. Weixler, T. Neseker
Druck und Bindung: Kessler Druck + Medien, Bobingen

Printed in Germany
1. Auflage 2010

ISBN: 978-3-86615-768-2

SMART TRAVELLING

EIN PERFEKTES WOCHENENDE IN ...
BRÜSSEL

☞

www.smart-travelling.net

LIEBLINGSADRESSEN IN BRÜSSEL

Hotel: Hotel Metropole
Place de Brouckère 31, Altstadt
Tel: 0032 (0)2 2172300
Seite 8

Hotel: Chambres en Ville
Rue de Londres 19, Ixelles
Tel: 0032 (0)2 5129290
Seite 14

Hotel: The Dominican
Rue Léopold 9, Altstadt
Tel: 0032 (0)2 2030808
Seite 22

Restaurant: La Quincaillerie
Rue du Page 45, Ixelles
Tel: 0032 (0)2 5339833
Seite 28

Restaurant: Café des Spores
Ch. d'Alsemberg 103 – 108, Saint-Gilles
Tel: 0032 (0)2 5341303
Seite 36

Restaurant: Bonsoir Clara
Rue A. Dansaert 22 – 26, Ste-Catherine
Tel: 0032 (0)2 5020990
Seite 46

☞ Weitere Adressen finden Sie unter www.smart-travelling.net

Restaurant: Chez Marie
Rue Alphonse de Witte 40, Ixelles
Tel: 0032 (0)2 6443031
Seite 50

Restaurant: Viva M'Boma
Rue de Flandre 17, Ste-Catherine
Tel: 0032 (0)2 512 15 93
Seite 60

Café: Café Belga
Rue Eugène Flagey 18, Ixelles
Tel: 0032 (0)2 6403508
Seite 66

Bar: A la Mort Subite
Rue Montagne-aux-Herbes
Potagères 7, Altstadt
Tel: 0032 (0)2 5131318
Seite 72

Shop: Mary Chocolatier
Rue Royale 73, Altstadt
Tel: 0032 (0)2 2174500
Seite 80

Gut zu wissen
Tipps, Ausflüge, Spaziergänge
Seite 89

Maes
GAUTAM DIAMONDS

EUROPÄISCHE WELTSTADT

Brüssel denkt gar nicht daran, sich zu entscheiden. Gleich zwei Sprachen werden in Europas Hauptstadt ganz offiziell gesprochen, Französisch und Flämisch, und dazu noch die der zahlreichen Muslime und EU-Abgeordneten. „Immigrés de luxe“ werden sie von den Brüsselern ironisch genannt, auch weil sie die Stadt in eine Gourmet-Hochburg verwandelt haben, in der mit 30 preisgekrönten Restaurants gleich eine ganze Galaxie an Michelin-Sternen funkelt. Ihr gegenüber stehen die Pommes-Buden mit den besten Fritten der Welt – und die Brüsseler lieben diese Widersprüche. Sie pflegen sie mit Hingabe und in gleich 19 Stadtteilen, die alle auf ihre Eigenheiten beharren – von der pittoresken Altstadt, dem gediegenen Uccle zum trendigen Ixelles und dem trubeligen Afrikaner-Viertel Schaerbeek. Verspielter Jugendstil trifft dabei auf nüchterne Hochhauskulissen, alte Meister auf Comic-Kultur, prunkvolle Interieurs auf avantgardistischen Minimalismus, und dazu rauscht auf Schnellstraßen der Verkehr an barocken Puppenhäusern vorbei.

Die Brüsseler sind offen für jeden Einfluss – und immer auf dem Sprung. Weniger als zwei Zugstunden sind es nach Paris, London oder Amsterdam, und auch deshalb brodelt hier eine Mode- und Kunstszene, die mit Größen wie der New Yorker Galeristin Barbara Gladstone aufwarten kann – und mit kühnen Vergleichen zu Berlin. Im Gegensatz dazu kann man die Vielfalt der Stadt aber bequem zu Fuß erkunden, am Königspalast vorbei, über gotische Plätze, durch coole Modeviertel und verwunschene Gässchen – quer durch einen Kosmos, so vielfältig wie Europa selbst.

HOTEL METROPOLE

Eines wie keines – in Brüssel, in den Beneluxländern und auch sonst ist so ein Hotel nicht oft zu finden. Im Metropole atmet man Geschichte, angefangen bei der Architektur Alban Chambons, den Renaissance-Verzierungen im Eingangsbereich, der Rezeption im Empirestil, dem Aufzug der Firma, die auch den des Eiffelturms entwarf und der einen in die sechs Etagen bringt wie Könige, Präsidenten, Albert Einstein, Marie Curie, Alain Delon und David Lynch zuvor.
In den Hallen glitzern Kronleuchter, die Decken sind reich mit Fresken bemalt, Bleiglasfenster und Jugendstilmalereien wechseln einander ab, während die Zimmer im pompösen Louis-quatorze-Stil gehalten sind – mit viel Rot, Blau und Gold. Der Service ist völlig auf die Bedürfnisse der Gäste ausgerichtet, einer der vielen Vorteile eines Hauses, das nicht Teil einer Kette ist, sondern individuell geführt wird. Jeden Morgen kommt der Hoteldirektor für ein paar Stunden in das Hotel, flaniert durch die Gänge, wirft einen Blick ins Restaurant, sagt in der Küche Hallo und übt sich in höchster Diskretion.
Lokaler Charakter verbunden mit internationalem Flair ist das Credo des Metropole, nichts ist hier Massenware, alles liebevoll restauriert. Fragen Sie nach, denn das Metropole bietet immer wieder überraschend günstige Konditionen. Sollten Sie dort nicht übernachten, wollen aber dennoch hochherrschaftliches Flair genießen, lassen Sie sich in eines der Sofas der Le-19ième-Bar sinken, und bestellen Sie einen Drink.

Hotel Metropole Adresse: Place de Brouckère 31, Altstadt
Tel: 0032 (0)2 2172300 Internet: www.metropolehotel.com
Email: resa@metropolehotel.be Preise: DZ ab 140 Euro (special rate)

CONCIERGE

☞ Geschichte

Angefangen hat alles mit einer Brauerei. 1890 eröffneten die Wieleman-Brüder das heutige Café Métropole, um ihre Biere auszuschenken. Der Erfolg war so enorm, dass sie 1895 darauf die angrenzende Bank „Caisse d'Epargne" als Unterkunft für ihre Gäste kauften und sie als Hotel Metropole eröffneten. Ein einmaliges Konzept im 19. Jahrhundert und ein Luxushotel, wie man es bisher noch nicht gesehen hatte: mit Fahrstühlen, dem ersten elektrischen Heizungssystem – und hochkarätigen Künstlern, die es prachtvoll ausstatteten. Heute steht das Haus mit seinen Skulpturen und Fresken, dem polierten Teakholz, Marmor aus Namibia, vergoldeter Bronze und handgeschmiedetem Eisen unter Denkmalschutz.

CHAMBRES EN VILLE

Die einzige Crux am Chambres en Ville ist, dass man es eigentlich gar nicht mehr verlassen möchte. Dafür sorgen die individuell eingerichteten Zimmer mit Namen wie „La vie d'artiste", „Retour d'Afrique" oder „Le Levant – 1001 Nuit". Sie sind gemütlich und geschmackvoll, ausgestattet mit afrikanischen Stammeshüten, kubanischen Skulpturen und antiken Stühlen, die mit Klemmlampen zu Nachttischen umfunktioniert wurden. Besonderes Flair haben auch die stilvollen Badezimmer – riesig groß, mal mit frei stehender antiker Badewanne oder einem alten Seifenschrank bestückt. Und sehr einladend ist das im Erdgeschoss zwischen Atelier und grünem Hinterhof gelegene Frühstückszimmer, mit dem der Hotelbesitzer Philippe Guilmin ein Wunder an Behaglichkeit vollbracht hat. So persönlich wie die Einrichtung der einstigen Spiegelfabrik ist auch der Service. Hat man zuvor auf einer alten Schultafel eingetragen, um welche Uhrzeit man frühstücken möchte, nimmt man am hölzernen Esstisch und vor großen kubanischen Tribal-Stoffen gemeinsam mit den anderen Gästen Platz. Zu frischen Croissants serviert Philippe selbst gemachte Marmeladen, die er in einem großen Kupfertopf kocht – eine der Leidenschaften des ehemaligen Art Directors, der aus der Werbebranche ausstieg und seither „statt nach Luxus und Marken" nach der Schönheit des Einfachen sucht, heute malt, bildhauert, seine Gäste verwöhnt – und immer wieder umdekoriert. So hat er in den letzten Jahren eine Stil-Oase geschaffen, verborgen hinter schmucklosen grauen Mauern im Ixelles-Viertel.

Chambres en Ville Adresse: Rue de Londres 19, Ixelles Tel: 0032 (0)2 5129290
Email: reservation@chambresenville.be Internet: www.chambresenville.be
Preise: DZ 90 Euro, ab zwei Übernachtungen Frühstück inkl.

Ein Gespräch mit Philippe Guilmin

Inhaber des Chambres en Ville

Ihre Zimmer haben keine Nummern, sondern Namen wie „Retour d'Afrique". Wie entstehen sie?

Das hängt von den jeweiligen Einrichtungsgegenständen ab. Ich kombiniere und arrangiere sie, dann schaue ich mir das Zimmer an und suche einen Namen. Eigentlich möchte ich sie ständig verändern, doch so viele Gäste wollen immer wieder in dasselbe Zimmer zurück. Deshalb dekoriere ich sehr behutsam um.

Woher kommen die vielen wunderbaren Gegenstände?

Oh, das sind längst noch nicht alle. Der Keller ist voll mit Masken und Skulpturen, die ich aus Togo, Mali und Burkina Faso mitgebracht habe. Viele stammen aber auch von den Flohmärkten hier oder aus den Antiquitätenläden der Rue Place. Als ich 1997 meinen Job in der Werbung verlor, begann ich, statt nach Marken nach Schönheit Ausschau zu halten, fing an, eigensinnige Dinge zu sammeln, und kann bis heute nicht aufhören.

Ihr Geschmack ist beeindruckend.

Danke! Dabei ist mein Konzept einfach: keine Folklore, auf jeden Fall Klarheit und Mut zum Eklektizismus. Individualität ist mir wichtig, nichts soll aggressiv wirken, und jeder soll sich wohlfühlen – und zwar ohne Angst zu haben, den Holzboden zu ruinieren oder eine Skulptur anzufassen.

Sie spielen mit der Patina des Hauses ...

Ja, ich will seine Schönheit unterstreichen. Deshalb habe ich viele Wände belassen, wie sie sind, auch den Beton nicht kaschiert, und achte darauf, die Zimmer nicht voll zu stellen. Nur das Nötigste wie Bett, Tisch, Stuhl kommen hinein, und die müssen nicht neu, aber perfekt sein. Heute weiß ich, dass man nur an der Oberfläche kratzen muss und so in allem Schönheit finden kann.

☞ Downtown-BXL

Von so viel persönlichem Stil wie im Chambres en Ville umgeben, kann man nur selten wohnen. Aber dieses Bed & Breakfast ist auf seine Art auch stimmig eingerichtet – und liegt direkt am Place de la Fontaine. Die Zimmer sind ein Mix aus warmen Farben und modernen Kunstdrucken mit Blick auf den Platz. Für manchen, der geräuschempfindlich ist, kann es in den Sommermonaten etwas zu laut werden, doch auf den Platz hinauszugucken und das Gefühl zu haben, mittendrin zu sein, entschädigt. Aber: Reisen Sie nicht mit zu großem Gepäck an, denn Sie müssen es eine sehr schmale Treppe hinauf in den vierten Stock schleppen.

Adresse: Rue du Marché au Charbon 118, Altstadt
Email: reservation@downtownbxl.com, Internet: www.downtownbxl.com
Preise: DZ 68 Euro inkl. Frühstück

☞ Wellim's Way

Im Herzen der Stadt, aber in einer ruhigen Seitenstraße, liegt das Bed & Breakfast mit seinen drei Unterkünften, von denen zwei Appartements sind. Hell, mit einer kleinen, feinen und wunderbar begrünten Terrasse kann man in dem neoklassizistischen Haus herrlich entspannen. Die Zimmer sind schlicht und mit Stil eingerichtet, mal ist eine Blume an die Wand gemalt, eine alte Kommode chinoise aufgestellt, große Bilder aufgehängt. Und über allem wacht eine Figur Buddhas. Im Wellim's Way herrscht eine angenehm private Atmosphäre, und man fühlt sich in Brüssel schnell zu Hause. Wollen Sie also länger bleiben, gibt es auch Wochen- und Monatsraten. Reservieren müssen Sie per Mail.

Adresse: Rue de Mérode 162, Altstadt, Email: info@wellimsway.com
Internet: www.wellimsway.com, Preise: DZ 109 Euro inkl. Frühstück

THE DOMINICAN

Einzig das Logo erinnert noch daran, dass dieses Designhotel einst ein Dominikanerkloster war. Statt eremitenhafter Entbehrlichkeit herrscht in den Hallen heute vor allem moderne Gemütlichkeit – mit Samtcouchen, seegrünen Sesseln, eigensinnigen Kronleuchtern, die alte Jugendstilformen zitieren, und dazu ist alles in satten Farben gehalten. Viele Zimmer gehen zum lauschigen Innenhof hinaus, in dem man im Sommer in aller Ruhe sitzen kann, ebenso wie unter den hohen Laubengängen, und ist dabei dennoch mitten in der Stadt, direkt um die Ecke der Passagen und der Grand' Place. Alles ist licht und offen, der große Frühstücksraum als auch die Bar, in der stilisierte Feuer prasseln, und der Eingangsbereich, in dem man loungen kann, den Stadtplan studieren oder die Googlemap-Ausdrucke von der Internet Station. Eine gute Kombination von Historie und Aktualität, die sich auf unterschiedlichste Weise zeigt – und auch noch auf einen anderen Vormieter Bezug nimmt. Von 1816 bis zu seinem Tod 1825 hat der französische Historienmaler Jacques-Louis David hier gelebt – und heute erinnern Teile der originalen Fassade, die in den Umbau integriert wurden, an ihn. Das Dominican ist nicht spektakulär, sondern eher heimelig, es bietet alles, was man für einen entspannten Aufenthalt braucht – und das am Wochenende zu besonders günstigen Konditionen.
Hinweis: Reisen Sie mit einem Smart Travelling Guide an und zeigen ihn an der Rezeption, werden Sie mit einem freien Drink in der Lounge Bar empfangen.

The Dominican Adresse: Rue Léopold 9, Altstadt
Tel: 0032 (0)2 2030808 Email: info@thedominican.carlton.be
Internet: www.thedominican.be Preis: DZ 94 – 270 Euro ohne Frühstück

☞ Hotel Amigo

Wollen Sie es zwar designt, aber in eine etwas andere Richtung als im The Dominican haben, bietet sich das Luxushotel Amigo an. Dort feiert man den Surrealismus und mit ihm den berühmten Brüsseler René Magritte: Hölzerne Äpfel und Birnen sind über die Räume verteilt, Drucke hängen in den Zimmern, es gibt eine Magritte-Suite und ein Magritte-Menü. Aber auch Jugendstil-Maler und der Comic-Zeichner Hergé werden hier gepriesen. In dezenten Farben und mit ein paar Rottupfern geht es im Amigo gemütlich zu, und einzig der Name erinnert daran, dass das Haus 1522 ein Gefängnis war. Die spanischen Besatzer verstanden allerdings das flämische Wort für Gefängnis falsch und hörten – Ironie des Schicksals – „Amigo" heraus.

Adresse: Rue de l'Amigo 1 – 3, Altstadt, Tel: 0032 (0)2 5474747,
Internet: www.hotelamigo.com, Preise: ab 179 Euro (Wochenende), Frühstück 30 Euro

LA QUINCAILLERIE

Kaum steht man an der schmiedeeisernen Tür, reißt ein lachender Garçon sie auch schon auf. Raus aus der kleinen Straße und rein in das einstige Eisenwarengeschäft, dessen Wände mit hölzernen Schubladen überzogen sind. Eine stimmungsvolle Kulisse, von Stimmengewirr erfüllt, mit grünen Eisenträgern umrahmt und einer großen Uhr geschmückt, die aus Charlie Chaplins „Moderne Zeiten“ stammen könnte. Unermüdlich flitzen die Kellner durch den lang gezogenen Raum, hechten die ausgetretenen Holzstufen hoch und runter, oft mit riesigen silbernen Tabletts voller Austern, Muscheln, Garnelen und Schnecken beladen. Die Meeresfrüchte-Platte gehört ebenso zu den Highlights der Karte wie die Foie gras mit einem Hauch Vanille, die sie zu der köstlichsten der Stadt macht. Auch die Croquettes Crevettes, die Krabben-Kroketten, außen kross und innen herrlich cremig, sind ein Erlebnis.

Am Nebentisch hingegen türmt sich der Quincaillerie-Klassiker „Ofengeröstete Schinkenhaxe mit Senfsauce und Fritten“ auf, und die Frau winkt fröhlich herüber. Das Restaurant im Chatelain-Viertel ist ein Hotspot der Stadt – doch von Eitelkeit keine Spur. Stattdessen geht es in dem Jugendstil-Ambiente, das ein Schüler des großen Victor Horta 1930 entwarf, herrlich unprätentiös zu – und das seit über 20 Jahren. Die perfekte Wohlfühl-Kombination für einen schönen Abend, den man auf jeden Fall mit einem Chicorée-Eis abschließen sollte.

La Quincaillerie Adresse: Rue du Page 45, Ixelles
Tel: 00 32 (0)2 5339833 Internet: www.quincaillerie.be
Öffnungszeiten: Montag – Freitag 12.00 – 14.30 Uhr, 19.00 – 24.00 Uhr,
Samstag und Sonntag 18.30 – 24.00 Uhr

Croquettes de crevettes

4 Personen

Die Gelatineblätter in kaltem Wasser einweichen. Butter schmelzen lassen, das Mehl unter ständigem Rühren hinzugeben, auf kleiner Flamme 5 Minuten köcheln lassen, dabei weiterrühren. Den Fischfond erwärmen. Löschen Sie die Butter-Mehl-Masse vorsichtig mit der kalten Milch ab, nach und nach den Fischfond dazugeben, und das Ganze unter ständigem Rühren weitere 10 Minuten köcheln lassen. Rühren Sie das Eigelb in die Sahne ein, die eingeweichte und ausgedrückte Gelatine dazugeben und mit der Mehlschwitze vermengen. Den Topf vom Herd nehmen, den geriebenen Käse und die Crevetten unterrühren. Die Fischmasse salzen und pfeffern und über Nacht in den Kühlschrank stellen. Am nächsten Tag teilen Sie die Masse in 8 gleich große Portionen und formen daraus Kroketten. Diese in den Semmelbröseln wälzen und anschließend drei Minuten frittieren.
Petersilie von den Stängeln abzupfen, kurz frittieren und die Croquettes darauf anrichten. Zusammen mit den Zitronenvierteln servieren.
Dazu passt sehr gut eine Hummersauce.

1 1/2 Blatt Gelatine
60 g Butter
100 g Mehl
1/8 Liter Fischfond
1/8 Liter Milch
1 kleines Eigelb
25 ml Sahne
60 g Parmesan, gerieben
80 g Gruyère, gerieben
250 g Crevetten oder Garnelen
Salz, Pfeffer
1 Tasse Semmelbrösel
1/2 Bund Petersilie
2 unbehandelte, in Viertel zerteilte Zitronen

Tipp: Dieses Rezept muss einen Tag vor dem Servieren vorbereitet werden. Falls Sie keine Fritteuse besitzen, können Sie auch eine tiefe Pfanne benutzen; zum Frittieren reichlich Olivenöl verwenden.

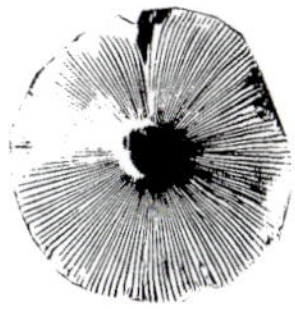

CAFÉ DES SPORES

Je später der Abend, desto beschlagener die großen Scheiben des kleinen Restaurants. Und das ist ein gutes Zeichen. Denn dann stand Cédric einmal mehr an den vier Gasflammen des Herds mitten im Gastraum, hat an der langen Theke so zärtlich wie entschlossen bergeweise Pilze geputzt, Trüffel gehobelt, Pfännchen geschwenkt – und immer wieder seine Schweißermaske herausgeholt, um die einzigartige Crème brûlée mit Foie gras und Porcini-Pilzen zu flambieren. Denn trotz aller erlesenen Zutaten ist der Pilz hier Trumpf. 25 verschiedene Sorten werden das Jahr über verarbeitet – zu Terrinen, Carpaccios, Aufläufen und anderen Köstlichkeiten. Die Wände der einstigen Weinhandlung sind gestreift, die Tische mit Packpapier gedeckt, die Gerichte auf einer Kreidetafel notiert – und Cédric unermüdlich in Aktion. Während die Pilze brutzeln, serviert er mit seinen Kolleginnen, räumt Tische ab, erklärt die Finesse des jeweiligen Gerichts. Jeder Handgriff sitzt – und die Dramaturgie auch: erst Pilze mit leichtem Orangenaroma, ganz schlicht mit Salz und Pfeffer und zum Öffnen des Magens, dann gedünsteter Chicorée mit schwarzen Trompeten-Pilzen als eigensinnige Variation des belgischen Klassikers, anschließend die Spezialität des Hauses – gestockte Eier mit Trüffel und dazu ein kräftiger Rotwein wie der Terres des Truffes 2007, den die Kellnerin empfiehlt. Köstlich! Zum Abschluss ein Pilz-Karamell-Eis, und das ist wie der Rest des Restaurants einfach perfekt.

Café des Spores Adresse: Chaussée d'Alsemberg 103 – 108, Saint-Gilles
Tel: 0032 (0)2 5341303 Internet: www.cafedesspores.be
Öffnungszeiten: Dienstag – Samstag 12.00 – 14.00 Uhr, 18.00 – 24.00 Uhr, Sonntag- und Montagmittag geschlossen

NO CREDIT CARDS
PAS DE CARTES BANCAIRES
NEE PLASTIKI
BLONDS AUX HERBES AU
LENTINS FARCIS-LAQUÉS
CRÈME BRULÉE CÈPES-
OEUF COCOTTE A LA TARI
SUPPLÉMENT
RAVIOLES DU DAUPHINÉ A
CHICONS CARAMÉLISÉS AUX
COCOTTE DE PALOURDES, SHIMEN
CRUMBLE D'AGARIC 'BOULE
LACTAIRES DÉLICIEU

MONT D'OR 'COMME UNE FONDUE' POUR 2
MÉGA POÊLÉE DE CHAMPIGNONS 34
PASTILLA DE PIEDS DE COCHON
AUX PIEDS DE MOUTON

Ein Gespräch mit Cédric Castus

Einer der Köche im Café des Spores

Wie viele verschiedene Pilzsorten verarbeiten Sie?

Vielleicht 20 bis 25 Sorten im Jahr. Wir nehmen viele bekannte und gehen nach der Saison. Früher haben wir sie aus der ganzen Welt eingeflogen, jetzt verzichten wir darauf, schauen uns eher in der Umgebung um. Wir gehen zu den Märkten, und was wir morgens einkaufen, ist am Ende des Abends aufgegessen.

Woher kommt Ihre Leidenschaft für Pilze?

Die hatte ich gar nicht, bevor ich hier angefangen habe zu kochen. Ich kannte den Besitzer, Philippe, der ein wirklicher Pilzspezialist ist. Aus Geldnot hat er während seines Studiums Pilze gesammelt und auf unterschiedlichste Weise zubereitet. Als ich hier vor fünf Jahren begann, hat er mich schließlich angesteckt.

Sie kochen quasi mitten im Restaurant, an dem kleinen Herd am Ende der Theke.

Gut, dass mein Kollege, der abwechselnd mit mir kocht, und ich so klein sind und gut in die Ecke dort passen. Ich finde es toll, man hat den direkten Kontakt zu den Gästen, kann sie beim Essen beobachten, und wenn jemand sein Gericht mit mehr Knoblauch haben möchte, muss er nur rüberrufen. Ich selbst gehe auch gerne an den Tisch und frage, wie alles geschmeckt hat. Man ist mittendrin, das gefällt mir sehr.

Gibt es ein besonders beliebtes Pilzgericht?

Das ändert sich. Ganz oben auf der Liste ist bei vielen aber sicherlich das „Comme une Fondue“ mit Mont D'Or und Bergen von Champignons zum Eintunken. Mein Favorit aber sind die gestockten Eier mit Trüffel. Im Moment zumindest. Aber es gibt so viele Pilzsorten, und deshalb wechseln auch die Lieblingsgerichte immer wieder.

Brie mit gestockten Eiern und geriebenem Trüffel

2 Personen

Die Sahne mit einigen Esslöffeln der Salsa Tartufata vermengen, kurz aufkochen lassen. Das Öl, das sich oben abgesetzt hat, abgießen. Dann die Kruste vom Brot abschneiden, das Brot vierteln und in einem Auflaufförmchen verteilen. Den Brie darauflegen und die Salsa-Tartufata-Sahne-Mischung darübergießen. Mindestens fünf Stunden, am besten aber über Nacht kalt stellen. Schließlich die zwei Eigelbe vorsichtig auf die Masse gleiten lassen und im Wasserbad (1 cm Wasser) und mit einem Tuch zugedeckt 10 – 12 Minuten stocken lassen. Anschließend den Trüffel darüberreiben – et voilà.

250 ml Sahne (40%)
Salsa Tartufata (Paste aus Champignons, schwarzen Oliven und Trüffel)
eine dicke Scheibe Bauernbrot
ein großes Stück Brie (50 g)
zwei Eigelbe
150 g frischer Trüffel

LE VIN DES
AMIS

CAFÉ DES SPORES
BLONDS AUX HERBES AU GRILL. LENTINS DES CHENES
ARCIS LAQUES. ŒUF COCOTTE A LA TRUFFE
RAICHE. CHICONS CARAMELISES AUX TROMPETTES.
RATIN DE RAVIOLES AUX MOUSSERONS
REME BRÛLEE FOIE

SALLES CLIMA

BONSOIR CLARA

Das kleine feine Restaurant ist der ideale Stopp, wenn man bei einem Einkaufstrip in Ruhe und äußerst lecker lunchen möchte. Mitten im Mode-Distrikt wird das Bonsoir Clara ebenso von Fashionistas wie von Familien, Touristen und allen, die frische, raffinierte Küche schätzen, besucht. Das Lunch-Special (14 Euro), das Montag bis Freitag serviert wird, bietet eine Vor- und Hauptspeise, einen Kaffee und dabei Geschmackserlebnisse wie Lammfilets, besprenkelt mit Zitronen-Molekülen und auf einem Nuss-Carrée aus Cashew-, Pecannüssen und Maronen angerichtet. Eine Entdeckung. Auch die klassische Croquette Crevette ist köstlich, ebenso das Thunfisch-Tatar mit Avocado. Was immer Sie wählen, Sie sollten zum Nachtisch nicht auf die Crème brûlée mit Pistazien und Karamell verzichten. Genauso aufsehenerregend wie die kleinen Gerichte ist die Ausstattung der Architektin Agnès Emery, die oft nicht die richtigen Materialien fand, um ihre Entwürfe umzusetzen, und schließlich selbst begann, Farben, Kacheln und vieles mehr zu entwerfen. Das Bonsoir Clara verwandelte sie in eine Hommage an Piet Mondrian – mit beleuchtetem farbigem Glas und großen bunten Wandquadraten. Unter ihnen können Sie gemütlich ausruhen, Lounge-Musik hören und auf die geschäftige Rue Dansaert schauen. Bleibt nur noch die Frage, wer Clara ist, die so freundlich begrüßt wird. Die Freundin? Gattin? Geliebte? Es ist einfach ein Fantasiename, der so umschmeichelnd klingen soll, wie die Atmosphäre im Bonsoir Clara ist.

Bonsoir Clara Adresse: Rue Antoine Dansaert 22 – 26, Sainte-Catherine
Tel: 0032 (0)2 5020990 Internet: www.bonsoirclara.be
Öffnungszeiten: Montag – Freitag 12.00 – 14.30 Uhr, Montag – Donnerstag 19.00 – 23.00 Uhr, Freitag – Sonntag 19.00 – 24.00 Uhr

Marie

CHEZ MARIE

Wie ein Kokon soll das Chez Marie sein. Das wünscht sich Daniel Marcil, der 1995 als Sommelier in dem Restaurant begann, es heute mitbesitzt – und dafür sorgt, dass es genau so ist: gemütlich, unprätentiös, aber mit Michelin-Stern gekrönter Küche und ausgesuchten Weinen. Snobby ist Daniel Marcil dabei aber überhaupt nicht. Als einer der Ersten hat er kalifornische Weine auf die Karte geholt, heute sind auf ihr sogar welche aus Slowenien und der Schweiz zu finden – und was so ungewöhnlich wie toll ist: Viele werden auch glasweise ausgeschenkt.
Nicht umsonst muss man im Chez Marie frühzeitig reservieren. Tagsüber hat man mehr Glück und kann sich unter das Pause machende Volk des trendigen Viertels mischen. An kleinen Tischen und vor dunklen Wänden, die über und über mit Fotos und Malereien von „Marie“, die für alle Frauen der Welt steht, gepflastert sind, kann man es sich gemütlich machen und zuschauen, wie der Tisch zur Bühne wird. Das Licht ist speziell auf die weißen Tischdecken ausgerichtet, auf denen die raffinierten Speisen von Lilian Devaux ihren bejubelten Auftritt haben: Jacobsmuschel-Carpaccio mit Sellerie und Parmesan, ein herrlich cremiges Hummer-Risotto, Cannelloni mit wilden Champignons und ein wunderbares Stockfischpüree mit Tomate, dazu der frische Weißwein Rully 1er Cru Les Cloux. Mittags gibt es die Köstlichkeiten als Duo aus Vor- und Hauptspeise für 18 Euro! Standing Ovations für einen wirklich besonderen Ort.

Chez Marie Adresse: Rue Alphonse de Witte 40, Ixelles
Tel: 0032 (0)2 6443031 Öffnungszeiten: Dienstag – Samstag 12.00 – 14.00 Uhr, 19.30 – 22.30 Uhr, Samstagmittag, Sonntag und Montag geschlossen

Ein Gespräch mit Daniel Marcil

Inhaber und Sommelier vom Chez Marie

Ein Sommelier mit eigenem Restaurant. Wie kam es dazu?

Es ist nicht nur mein Restaurant, es setzt sich aus dem Chef de Cuisine Lilian Devaux und mir als Sommelier zusammen. Wir ergänzen uns perfekt, und das ist wirklich ein großes Glück.

Wie stimmen Sie sich aufeinander ab?

Während die Küche Großmutters Rezepte modernisiert, saisonal kocht und sich auf eine überschaubare Auswahl konzentriert, geht die Weinkarte in die andere Richtung. Ich öffne sie weit, habe über 400 Weine aus 15 Ländern im Angebot.

Ist immer zuerst das Rezept da, und Sie suchen den passenden Wein aus? Oder ist es auch schon mal umgekehrt?

Nein, es ist immer erst das Gericht da, denn es wird ja saisonal gekocht. Anschließend beginne ich, den passenden Wein auszuwählen, und achte dabei auch darauf, einen Ausdruck der jeweiligen Jahreszeit zu finden. Natürlich habe ich dabei immer gleich mehrere Weine im Kopf, denn die Bedürfnisse der Gäste sind sehr unterschiedlich.

Und ein guter Sommelier spürt sie auf ...

Genau. Aber ohne sie zu belehren und mit Fachwissen oder Fremdwörtern zu belästigen. Ich sehe meine Arbeit eher in einer guten Beratung, einem Gespräch, in dem die Vorlieben aufgespürt werden – fast wie von einem Psychologen.

Sie entsprechen gar nicht dem Bild eines typischen Sommeliers.

Nein, das hat sich wirklich verändert. Nur noch wenige tragen heute Smoking. Wir sind wesentlich entspannter geworden, versuchen nicht mehr, den Gästen unsere Meinung aufzudrücken, sondern einen Dialog zu führen. Das ist wesentlich interessanter und auch viel erfolgreicher.

Feines Stockfischpüree mit Tomaten

4 Personen

Das Kabeljaufilet müssen Sie bereits am Vortag mit dem grobkörnigen Salz bedecken, mindestens 12 Stunden ziehen lassen. Spülen Sie das Kabeljaufilet am nächsten Tag gründlich mit viel Wasser ab. Fisch in kleine Stücke schneiden und 8 bis 10 Minuten in der Milch schmoren. Anschließend gut abtropfen lassen. Geben Sie 100 ml Olivenöl in einen Schmortopf, und bräunen Sie die fein gehackten Zwiebeln und den Knoblauch darin an. Schneiden Sie die Kartoffeln in große Würfel, geben Sie sie hinzu, anschließend den Weißwein darübergeben. Fügen Sie außerdem das Lorbeerblatt und den Thymian dazu. Alles so lange köcheln lassen, bis die Kartoffeln weich genug sind, um sie zu pürieren. Den Fisch und die Crème fraîche hinzugeben, alles kräftig miteinander vermengen. Auf kleiner Flamme noch etwas garen lassen, das restliche Olivenöl unterrühren. Das Ganze auf dem Teller zu einem Tortelett formen. Die Tomaten fein hacken, kurz in etwas Olivenöl andünsten, Salz hinzufügen und über den Fisch geben. Die Paprikaschote pürieren und zusammen mit etwas Pistou um den Fisch herum dekorativ verteilen. Dazu passt kross getoastetes Brot.

800 g Kabeljaufilet
200 g grobkörniges Salz (Sel Marin de Guérande)
300 ml Milch
300 ml Olivenöl
3 fein gehackte Zwiebeln
1 fein gehackte Knoblauchzehe
500 g Kartoffeln fürs Püree
200 ml Weißwein
1 Lobeerblatt und 1 Zweig Thymian
100 ml Crème fraîche
500 g Tomaten
etwas Salz
eine orangene Paprikaschote
etwas Pistou (Basilikum-Paste)

Gros
CONFISERIE VANPARYS
118
UXOR

VIVA M'BOMA

Am Anfang öffnete Katia Ruebens immer nur donnerstags. Zu aufwendig ist ihre auf Innereien spezialisierte Küche, deren Zutaten sie von den besten Schlachthöfen des Landes und aus Delikatessenläden bekommt, zu zeitintensiv sind die Rezepte ihrer Groß- und Urgroßmutter, die sie verwendet: Leber mit Speck und Sahne, Nierchen in Senfsauce, Kalbsbries, Markknochen mit Parmesan oder Trüffel überbacken. Serviert werden die Spezialitäten in weiß gekachelten Räumen eines ehemaligen Innereienfachgeschäfts aus den 20er-Jahren, so stylish wie clean, in dem bereits fünf Minuten nach Öffnung alle Tische besetzt sind und der Geräuschpegel lebendig angestiegen ist. Jung und Alt, Modeleute, Gourmets und Familien bevölkern den Laden – und weil der Erfolg so überwältigend ist, hat sie mittlerweile auch Freitag und Samstag geöffnet. Köstlich zart sind die Kalbsbäckchen, puderig das Kuheuter-Carpaccio mit Kapern, herzhaft der Lammhoden. Dazu empfiehlt Katia Ruebens, unermüdlich zwischen Tischen und Küche unterwegs und im Gespräch mit den Gästen, einen Côtes du Rhône Saint-Joseph 2006, der kräftig ist und hervorragend passt. Wenn Sie nicht ganz so experimentierfreudig sind, stehen auf der Karte auch Salate, Hühnergerichte, Stampfkartoffeln und das köstliche Spekulatius-Eis der Konditorei Donday. Sollten Sie aber mal nicht Alltägliches wagen wollen, ist das Viva M'Boma, was „Lang lebe die Großmutter" heißt, genau der richtige Ort.

Viva M'Boma Adresse: Rue de Flandre 17, Sainte-Catherine
Telefon: 0032 (0)2 5121593 Öffnungszeiten: Montag – Dienstag
12.00 – 14.30 Uhr, Donnerstag – Samstag 12.00 – 14.30 Uhr, 19.00 – 22.30 Uhr,
Mittwoch und Sonntag geschlossen

Ein Gespräch mit Katia Ruebens

Besitzerin des Viva M‘Boma

Gibt es in Belgien eine Tradition der Innereien-Küche?

Nein, eigentlich nicht. Ich aber bin mit dieser Küche aufgewachsen und von meiner Groß- und Urgroßmutter darin unterrichtet worden. Ich mag die Idee sehr, dass, wenn man ein Tier tötet, alles von ihm verwendet wird. Und sie haben mir geduldig erklärt, wie man die Innereien zubereitet und auch, wie man sie wässert und putzt, denn das ist manchmal sehr aufwendig. Bis heute kochen wir nach ihren Rezepten und versuchen, den traditionellen Geschmack zu bewahren.

Verwenden Sie auch moderne Zutaten?

Eigentlich nicht. Einmal haben wir eine Foie Gras mit Ingwer gemacht, und wir servieren auch Nieren mit Mango. Aber das sind die Ausnahmen.

Ist es nicht schwierig, die Spezialitäten, die Sie anbieten, zu finden?

Doch. Aber wir gehen auf den Fleischmarkt am Schlachthof in Anderlecht. Man muss schon frühmorgens dort sein, um die wirklich besonderen Dinge zu bekommen, und sie müssen absolut frisch sein, denn Innereien sind sehr empfindlich. Deshalb ist unsere Karte nicht immer gleich. Wenn ich kein schlachtfrisches Kalbshirn bekomme, dann biete ich es auch nicht an.

Gibt es Tabus in Ihrer Küche?

Nein. Aber drei Dinge sind nicht so einfach zu verkaufen: Herz, das wir aber gerne auf Anfrage zubereiten, Lunge ist ebenfalls sehr schwierig – und Augen. Auch Hahnenkamm haben wir angeboten, aber der kam nicht so gut an. Rinderhoden haben wir mal getestet, doch sie sind zäh, fast wie Kaugummi. Lammhoden sind allerdings sehr beliebt. Vor allem Frauen wollen sie probieren! (Lacht.)

CAFÉ BELGA

Das Belga, wie die Brüsseler kurz sagen, ist zu jeder Tageszeit ein anderer Ort. Morgens treffen sich die Angestellten der Umgebung auf einen kurzen Espresso, später trudeln die Studenten ein, dann die Mütter, die mit ihren Kindern auf dem Schoß gemeinsam frühstücken, und die älteren Herren, kurz darauf vertieft in die Lektüre einer der vielen Zeitungen. Mittags brummt es umso doller, dann bildet sich an der Selbstbedienungstheke mit den Sandwiches, Salaten im Einmachglas, Tagessuppen oder Nudelgerichten schon mal eine kleine Schlange. Doch man ist entspannt im Belga, das jeder Brüsseler kennt und in dem er wahrscheinlich auch schon mal war. Vielleicht auch am Abend, wenn das Belga sich in eine trubelige Bar verwandelt, in der häufig Livemusik gespielt wird und deren Jazz-Sonntag ein besonderes Highlight ist. Platz ist genug. Groß wie ein altes Kaffeehaus ist es, mit kunstvoll vertäfelten Wänden aus den 50er-Jahren und untergebracht in dem nicht zu übersehenden Maison de Radio, dem Funkhaus, das einem alten Flussdampfer nachempfunden ist. So einprägsam wie die Architektur ist auch der Platz, an dem es liegt: La Place Flagey mit kreuzenden Straßenbahnen, denen man von der stadtgrößten Bürgersteigterrasse wunderbar hinterherschauen kann. Im Sommer ist sie der ultimative Ort zum Sehen und Gesehenwerden – und das sollte man sich wirklich nicht entgehen lassen.

Café Belga Adresse: Rue Eugène Flagey 18, Ixelles Tel: 0032 (0)2 6403508
Email: Info@cafe-belga.com Internet: www.cafebelga.be
Öffnungszeiten: Montag – Donnerstag und Sonntag 8.00 – 2.00 Uhr,
Freitag und Samstag 8.00 – 3.00 Uhr

VEDETT
VEDETT

☞ Café Walvis & Bar du Matin

Zum Belga gehören zwei weitere Cafés, die geschickt in den angesagten Vierteln platziert sind. Das Café Walvis, nach dem flämischen Wort für Wal benannt, im Mode-Distrikt um die Rue Antoine Dansaert und die Bar du Matin in Saint-Gilles und nur ein paar Häuser vom Café des Spores entfernt. Auch die Dependancen sind im eigensinnig coolen Look gestylt, es werden Snacks serviert, der Orangensaft wird frisch gepresst, und es liegen viele Zeitungen aus. Das Publikum ist authentisch und bunt – und vor allem das du Matin verwandelt sich am Abend in einen Club, wenn Bands wie das Imperial Tiger Orchestra, Rue Royale oder Le Cheval Ethno-Sounds, Funk oder Pop-Folk spielen und diverse DJs auflegen – und das gratis. Kein Wunder, dass es regelmäßig so rappelvoll wird, dass man von dem Design nur noch die elegant geschwungene Decke sehen kann und sich niemand mehr um das Rauchverbot schert. Das ist am Abend durchaus entspannend, doch manchmal riecht man den Qualm leider noch morgens beim Frühstückskaffee.

Café Walvis
Adresse: Rue Antoine Dansaert 209, Sainte-Catherine, Tel: 0032 (0)2 2199532
Internet: www.cafewalvis.be, Öffnungszeiten: Montag – Samstag
10.00 – 2.00 Uhr und Sonntag 11.00 – 24.00 Uhr

Bar du Matin
Adresse: Chaussée d'Alsemberg 172, Saint-Gilles, Tel: 0032 (0)2 5377159
Öffnungszeiten: Montag – Freitag 8.00 – 2.00 Uhr, Samstag und Sonntag
9.00 – 2.00 Uhr

A la Mort Subite
BRASSERIE
VOSSEN
Md DE BIERES
7
NOS SPECIALI
BRUXELLOIS
GUEUZE et KR
MORT-SUB

A la Mort Subite

A LA MORT SUBITE

Eine Institution in Brüssel. Diese Brasserie kennt jeder – und jeder geht hin. Von morgens bis nachts nehmen Anwohner, Touristen, höhere Töchter und Fashion-Punks an den langen Holztischen Platz und genießen ein Bier. Dafür ist das Mort Subite bekannt, es führt so viele frisch gebraute wie nur wenige Läden der Stadt – darunter Köstlichkeiten wie das Lambic Blanche, das hell, leicht und etwas prickelnd ist, weil der Gärungsprozess abgebrochen wurde. Musik braucht man im „schnellen Tod“ nicht. Seit jeher schwirren dort die Stimmen durch die Luft. Schon 1910, als es Théophile Vossen gehörte, der davon profitierte, dass die Warteschlangen in der nahen Nationalbank so lang waren. Statt sich die Beine in den Bauch zu stehen, kamen die Kunden auf ein Bier vorbei und spielten das Würfelspiel „Pietjesbak“, bei dem die letzte rasante Runde „der schnelle Tod“ hieß. Bis heute wird sich unter den großen Spiegeln und Art-déco-Lampen prächtig unterhalten. Die Kellner sind flink und resolut, machen aber gerne auch ein Foto von den Besuchern und begrüßen die Stammgäste mit Küsschen. Schon beim Reinkommen steigt einem das leicht säuerliche Aroma der über 50 Biere in die Nase, die alle im passenden Glas ausgeschenkt werden. Manche schmecken anfangs ungewohnt, aber dann kann man nicht genug von ihnen bekommen. Ab 22 Uhr brummt es richtig, man rückt zusammen, Stühle werden herumgetragen, Jacken gestapelt – ein Treiben, das man nicht verpassen sollte.

A la Mort Subite Adresse: Rue Montagne-aux-Herbes Potagères 7, Altstadt
Tel: 0032 (0)2 5131318 Email: info@alamortsubite.com
Internet: www.alamortsubite.com Öffnungszeiten: Montag – Samstag
11.00 – 1.00 Uhr, Sonntag 12.00 – 24.00 Uhr

Tarif
KRIEK
4,10
FRAMBOISE
3,95
PORTO
MARTINI
MOSELLE
VIN BLANC
ROUGE
CAFE
2,30
2,80
2,20
2,95
3,65
3,95
TETE PRESSEE
PORTION MIXTE
CHASSEUR
GAUFRE
CHIPS

Ein Gespräch mit Bernard Moucharte

Besitzer vom A la Mort Subite

Was ist das Mort Subite für Sie? Eine Bar, ein Café oder eher ein Restaurant?

Eigentlich ein Restaurant, auch wenn viele vor allem zum Biertrinken kommen, aber es gibt auch Kleinigkeiten dazu wie Brote, Käse, Omeletts und einen Mittagstisch.

Aber die Spezialität sind die Biere?

Ja, gleich 50 davon – und vor allem das Geuze, das typische Brüsseler Bier. Es ist süß-säuerlich, schmeckt sehr außergewöhnlich und hat 8% Alkohol. Man kann es auch als Kirsch- oder Pfirsich-Bier trinken.

Das Mort Subite hat eine lange Tradition. Was hat sich im Lauf der Jahrzehnte verändert?

Eigentlich nichts. Ich gehöre zur vierten Generation in unserer Familie, die es betreibt, und es ist noch immer so wie in meiner Kindheit – innen und außen, und mittlerweile steht es auch unter Denkmalschutz.

Sie stehen manchmal selbst an der Theke. Was gefällt Ihnen am meisten hier?

Die Atmosphäre, dass von morgens bis abends was los ist und das Publikum so unterschiedlich. Wir haben Stammgäste, die schon seit 50 Jahren kommen, manche jeden Dienstag zum Mittagstisch, andere abends auf ein Bier. Aber auch die Jugend ist hier, viele Leute aus der Nachbarschaft und Touristen, die sich vorher die Grand' Place angesehen haben. Die Mischung mag ich sehr.

Was würden Sie als Gast im Mort Subite wählen?

Ein Kirsch-Geuze und dazu ein Sandwich mit Brüsseler Frischkäse. Ganz einfach, klassisch und sehr lecker.

☞ L'Archiduc

The Place to Be, wenn man in Brüssel etwas Nachtleben genießen möchte. Hier trifft sich die Szene zum Hausgetränk Pisco Sour, drängt sich um die Art-déco-Bar und ihre schicken Keeper oder nimmt oben auf der Balustrade Platz – auf Cocktailsesselchen mit konstruktivistischem Muster aus den 30ern und mit einem fantastischen Blick. Seit 24 Jahren führt Jean Louis Hennart den Barklassiker – und das mit Leidenschaft. Drei Stunden schaut er täglich vorbei, auch wenn am Wochenende um 17 Uhr Konzerte am Flügel gegeben werden, der mitten in der Bar thront. Einfach vorbeischauen und sich auch nicht von der Klingel abschrecken lassen. Ins L'Archiduc kommt jeder rein, denn es hegt sein buntes Publikum.

Adresse: Rue Antoine Dansaert 6, Sainte-Catherine, Tel: 0032 (0)2 5120652
Internet: www.archiduc.net, Öffnungszeiten: täglich von 16.00 – 5.00 Uhr

CHOCOLATIER
"Mary"
CONFISEUR

MARY CHOCOLATIER

Wie ein Juwelengeschäft im Louis-quatorze-Style, mit blauem Samt, aber durchaus modernen Anleihen ist das Mary Chocolatier ausgestattet. Die Schmuckstücke, die dort angeboten werden, sind braun, in einer Glasvitrine aufgereiht, aus der sie mit weißen Baumwollhandschuhen vorsichtig in goldfarbene Schächtelchen verpackt werden: Pralinen mit Haselnusscreme oder Ingwer, mit Tonga-Bohnen, wie die Azteken sie einst liebten, mit dunklem Nougat und ohne Farb- und Konservierungsstoffe. Auch das belgische Königshaus, deren Hoflieferant die Chocolaterie ist, weiß das zu schätzen. Regelmäßig ordert es die bunte Mischung des Hauses. 1919 gründete Mary Delluc ihr Geschäft, in einer Zeit, in der Schokolade vor allem wegen ihrer medizinischen Wirkung bekannt war. Sie jedoch verwandelte sie in ein Luxusgut – und präsentierte es in einem prunkvollen Laden. 70 Sorten gibt es heute, alle kunstvoll beschriftet, mit kleinen Bildern bedruckt, natürlich handgemacht und für 35 Euro das Kilo. Sie können aber auch einzeln verpackte kaufen, wunderbar altmodische Katzenzungen oder andere Kleinigkeiten. Ein ideales Mitbringsel – so traditionell wie stylish. Tipp: Suchen Sie sich ein paar Pralinen aus, und überqueren Sie die Straße. Dort erwartet Sie ein wahres Kontrastprogramm mit leer stehenden Bürobauten, aber auch Bänke, auf denen Sie die Köstlichkeiten mit Blick auf die Stadt vernaschen können.
Wollen Sie tiefer in die Kunst der Pralinenherstellung eintauchen, können Sie in der Manufaktur in der Chaussée de Wavre 950 in Etterbeek eine Tour buchen.

Mary Chocolatier Adresse: Rue Royale 73, Altstadt Tel: 0032 (0)2 2174500 + 0032 (0)2 7377244 (Manufakturbesichtigung) Internet: www.marychoc.com Öffnungszeiten: Montag – Samstag 10.00 – 18.00 Uhr

Mary
Mary
Mary
Mary

Mary

CHOCOLATIER CONFISEUR
MARY
VENEZUELA 43%
MARY

MARY

☞ Pierre Marcolini

Er ist preisgekrönter belgischer Meister der süßen Kunst, berühmt wegen seiner Leidenschaft für Kakaobohnen, seiner Qualität – und den ungewöhnlichen Kombinationen. Möglicherweise wacht er morgens auf und hat die Eingebung, Pralinen mit Macarons zu verzieren. Dann wird experimentiert, und irgendwann entstehen kleine Kunstwerke wie „Oviedo“ und „Envol“ oder Pralinen mit Earl Grey oder gefüllt mit gesalzener Butter. Ganz in der Nähe befindet sich seine Manufaktur. Dort können Sie zuschauen, wie Konditormeister Maronen mit flüssigem Karamell glasieren, Pralinen formen und Madeleines backen.

Adresse: Rue des Minimes 1, Place du Grand Sablon, Zentrum
Tel: 0032 (0)2 5141206, Internet www.marcolini.be, Öffnungszeiten: Sonntag – Donnerstag 10.00 – 19.00 Uhr, Freitag – Samstag 10.00 – 20.00 Uhr

PIERRE MARCOLINI

☞ Laurent Gerbaud

Neu in Brüssels Schokoladenlandschaft ist Laurent Gerbaud, der seine Chocolaterie samt Workshop direkt gegenüber dem trendigen Bozar-Kunst-Shop eröffnet hat. Gerbaud ist spezialisiert auf mit dunkler Schokolade überzogene Früchte und süß-salzige Kombinationen, die zum Probieren bereitstehen. Lassen Sie sich die dunkle Schokolade mit Pfeffer, mit japanischer Zitrone oder Bergamotte nicht entgehen. Köstlich auch die Noix de Cajon mit einem Hauch Salz. Mit hellen Holzregalen, einer großen Glasfront und einer kleinen Kindermalecke setzt er bewusst moderne Akzente – in der Ausstattung und den Geschmackserlebnissen.

Adresse: Rue Ravenstein 2 D, Zentrum, Tel: 0032 (0)2 5111602
Internet: www.chocolatsgerbaud.be, Öffnungszeiten: Montag – Sonntag
10.30 – 19.30 Uhr

HERGÉ.
PARKING
michiels
MICHIE
CAPUCINS
KAPUCIJNEN

SMART TRAVELLING

GUT ZU WISSEN

Brüssel ist groß, darum ist dieser Infoteil so klein. Hier erfahren Sie nicht alles und jedes, sondern genau das, was Sie für ein perfektes Wochenende brauchen. Wenige, aber genau die richtigen Informationen: Wissenswertes über die Brüsseler Lebensart, eine kleine subjektive Auswahl an Sehenswürdigkeiten, Spaziergängen und Tipps für Unternehmungen am Sonntag. Dazu einen Stadtplan mit all unseren Lieblingsadressen, damit Sie nicht lange suchen müssen, sondern gleich anfangen können, Brüssel zu genießen.

MODEHAUPTSTADT

Bei Mode „Made in Belgium" denkt man an Antwerpen und an Dries van Noten, Ann Demeulemeester und an Martin Margiela, die in den 80ern mit ihren Avantgarde-Entwürfen für Furore sorgten und das Land über Nacht auf die Weltkarte des Modedesigns hoben. Längst hat Brüssel aber aufgeholt. Nachwuchs kommt von den gefeierten Hochschulen La Cambre und Saint-Luc, deren Absolventen mit ihrer eigensinnigen Kreativität Modehäuser wie Nina Ricci, Chanel oder Vivienne Westwood erobern –

oder, wie die meisten von ihnen, in Brüssel bleiben und die Hauptstadt mit ihren Ateliers und Läden in einen modischen Hotspot verwandeln. Bis ins Königshaus reicht der Stolz auf ihr Potenzial. Johanne Riss und Nina Meert entwerfen regelmäßig für die Königsfamilie, Prinzessin Mathilde trug zu ihrer Hochzeit ein Brautkleid von Natan (Rue A. Dansaert 9) und trägt im Alltag gerne Yves Dooms und Gerald Watelet.

Das avantgardistische Modezentrum Brüssels ist die platanengesäumte Rue Antoine Dansaert nahe der Börse, wo ehemalige Kontore, Banken und Kaufmannsläden in Ateliers und Boutiquen umgebaut wurden. Geht man die Rue A. Dansaert vom Boulevard Anspach aus entlang, beginnt sie mit Modeketten wie Diesel, Princess tam tam oder Filippa K. – und steigert sich unaufhörlich zu einer innovativen Modemeile. An ihr liegt nicht nur Kat & Muis (Rue A. Dansaert 32), Annemie Verbeke (Rue A. Dansaert 64) und der legendäre große und ganz in Schwarz eingerichtete Stijl Shop (Rue A. Dansaert 74), der gleich 16 belgische Designer von Ann Demeulenmeester bis Raf Simons vertritt, sondern daneben auch Idiz Bogam (Rue A. Dansaert 76) mit Edelvintage großer Marken wie Dior und die Straße weiter hinunter, an der Ecke zur Rue de Flandre 114 der Laden von Martin Margiela. „Bitte klingeln" sagt das einfache Schild, auf dem sein großer Name steht, und das sollte man auch unbedingt tun. Denn der kleine schlichte Shop ist einer von weltweit nur dreien, in denen der Design-Star, der immer wieder auch alte Kleidung recycelt, seine Entwürfe verkauft. Auf dem Weg dorthin liegt an der Place du Nouveau Marché aux Grains Christophe Coppens Hut-Werkstatt, die als eine der kreativsten Europas gilt, schräg gegenüber befindet sich sein Laden (Rue Léon Lepage 2). Ganz in der Nähe ist auch der brandneue Concept Store Mapp (Rue Léon Lepage 5) mit jungen, ausgewählten Designer-Klamotten, hübschem Schmuck, Accessoires, Büchern, coolen Magazinen und der passenden Musik dazu – auf CD oder Vinyl. Unbedingt einen Besuch wert ist auch das Café Costume (Rue Léon Lepage 24), in dem Maßkleidung mit Stoffen von Cerruti oder Chez E. Zegna geschneidert wird, und der Laden mit der schicken und tragbaren Fashion von Louise Assomo (Rue de Chartreux 64).

CAFÉ COSTUME

Auf jeden Fall aber sollten Sie immer wieder in die Seitenstraßen abbiegen und selbst auf die Suche gehen, denn das „Quartier Dansaert“ ist unaufhörlich in Bewegung. Ständig machen neue Läden auf, schließen andere und ziehen neue hinzu. Jede Menge Mode-Informationen und Pläne, in denen Ateliers und Boutiquen eingezeichnet sind, gibt es in dem Verein zur Förderung junger Modemacher Modo Bruxellae (Rue Léon Lepage 38). Aber Achtung: Samstag ist er geschlossen.
Suchen Sie noch einen passenden Haarschnitt, schauen Sie bei dem Friseur CUT ME (Rue Léon Lepage 61) vorbei. Unter kunterbunten Papp-verpackungen, die zu einer Decken-installation zusammengeklebt sind, und vor einem 70er-Jahre-Fernseher mit Zeitrafferaufnahmen der vorangegangenen Tage bekommen Sie gut gelaunt den neuesten Schnitt.
Verpassen Sie auch die Läden um die nahe gelegene Place St-Géry nicht, an der sich die branchés, die jungen Trendsetter, angesiedelt haben.

In der Regel öffnen die Läden Montag bis Samstag zwischen 10.00 und 11.00 Uhr und schließen gegen 18.30 Uhr.

Wer nach internationalen Designern Ausschau halten möchte, ist rund um den Boulevard de Waterloo richtig, wo Politikergattinen mit dunkler Sonnenbrille durch die Tempel von Chanel, Vuitton, Dior oder Armani streifen. Im Quartier du Châtelain hingegen kaufen Studenten Secondhand-Retromode oder schrille Accessoires ein, im Marolles-Viertel können Sie auf Flohmärkten und in Vintage-Shops nach Klamotten stöbern.

KUNST

James Ensor malte 1888 in „Der Einzug von Christus in Brüssel im Jahre 1889“, wie dieser, begleitet von Blaskapellen, in die Stadt marschiert. Der Surrealist Paul Delvaux verarbeitete den Bahnhof Watermael-Boitsfort in zahlreichen Gemälden. Doch Brüssel hat nicht nur Künstler inspiriert, sondern ist auch Kunststadt. Auf dem Mont des Arts, dem Kunstberg, der Brüssels Unter-

und Oberstadt verbindet, thronen die Museés Royaux des Beaux-Arts de Belgique mit ihren prachtvollen Sammlungen und auch das 2009 eröffnete Museé Magritte Museum, dessen Ausstellungen um den berühmten Brüsseler Surrealisten kreisen. Das Comic-Museum hingegen widmet sich ausgiebig der „Neunten Kunst", wie der Mix aus Zeichnungen und Text genannt wird – und hinzu kommen jede Menge Galerien, die immer internationaler werden, und eine Metro, deren Stationen in den 70ern von Brüsseler Künstlern verschönert wurden.
Heute sind manche Arbeiten jedoch verblasst oder von Kondenswasser zerstört. Werfen Sie einen Blick darauf, wenn Sie an einer der Stationen sind (www.art-public.com/caid). Extra dorthin zu fahren lohnt sich nicht.

Musées Royaux des Beaux-Arts de Belgique

Auf gleich drei Orte sind die königlichen Sammlungen verteilt, und ein Tag reicht kaum aus, um die Meisterwerke im alten Flügel, an der Place Royale und im unterirdischen Neubau zu sehen. Darunter traumhaft schöne Werke des flämischen Meisters Rogier van der Weyden, Monumentales von Rubens, eine äußerst beeindruckende Breughel-Kollektion, Porträts von van Dyck, Gemälde von Watteau und Ingres, den Symbolisten James Ensor und Edward Burne-Jones, dazu ein toller Skulpturengarten und das Museum selbst – mit der imposanten königlichen Treppe und dem Jugendstiltreppenhaus im Palais Gresham.

Rue du Musée 9, Zentrum
Tel: 0032 (0)2 5083211
www.fine-arts-museum.be
Dienstag – Sonntag 10.00 – 17.00 Uhr

Musée Magritte Museum

Nach zehnjähriger Vorbereitungszeit eröffnete im Juni 2009 das Museum mit der größten Sammlung von Werken des Künstlers weltweit. Auf sechs hochmodern ausgebauten Etagen sind in dem schneeweißen Palais aus dem 18. Jahrhundert rund 200 Gemälde, Zeichnungen, Plakate, Plastiken und bemalte Vasen zu sehen, dazu Fotos, Filme aus und über sein Leben, Manuskripte und persönliche Briefe. Im Museumscafé kann man im Sommer auf einer kleinen, lauschigen Terrasse sitzen, im Museumsshop alles kaufen, was das Surrealisten-Herz begehrt: Keksdosen mit Magritte-Aufdruck, Magritte-Krawatten, Regenschirme, Karten, Hefte, Bücher und Kataloge.

Tipp: Anstatt sich in die lange Schlange an der Museumskasse einzureihen, gehen Sie einfach ins Untergeschoss. Dort stehen Automaten, die kaum jemand benutzt und an denen Sie ganz bequem ihre Eintrittskarten ziehen können.

Place Royale 1, Zentrum
Tel: 0032 (0)2 5083211
www.musee-magritte-museum.be
Dienstag – Sonntag 10.00 – 17.00 Uhr,
Mittwoch bis 20.00 Uhr

Bozar Centre For Fine Arts

Musik, Malerei, Theater, Tanz, Architektur, Literatur und Film – im Bozar sind alle Künste zu Hause. Ausstellungen, Veranstaltungen, Vorführungen und tägliche Events machen das Centre, das in einem Art-déco-Meisterwerk von Victor Horta untergebracht ist, zum kulturellen Dreh- und Angelpunkt der Stadt. Über 250 Konzerte und 2220 Plätze bietet der große Saal, und die mehr als 20 Ausstellungen pro Jahr reichen von chinesischer Staatskunst über Design zu Sixties-Fotografie.

BO ZAR

Ein Highlight auch der Bozar Shop mit Postkarten und vielen Kunstgimmicks, limitierten Editionen, ausgefallenen Mitbringseln und Katalogen.

Rue Ravenstein 23, Zentrum
Tel: 0032 (0)2 5078200
www.bozar.be
Dienstag – Sonntag 10.00 – 18.00 Uhr,
Donnerstag bis 21.00 Uhr

Wiels Centre d'Art Contemporain

In der ehemaligen Brauerei Wielemans-Ceuppens und in schmucker 30er-Jahre-Architektur ist heute auf mehreren Etagen moderne Kunst zu sehen – und die große Braukessel-Anlage, die immer noch in einer der Hallen steht. Das Wiels besitzt keine Sammlung, sondern ist auf zeitgenössische Ausstellungen ausgerichtet, wie die umfassende Mike-Kelley-Schau, die nicht nur in der Kunstwelt für Furore sorgte.

Das Wiels liegt nahe beim Südbahnhof in einem unwirtlichen Industrie-Areal, das aber langsam attraktiver wird. Auch, weil hier Künstlerateliers entstanden sind und das Veranstaltungszentrum Salle de Machines samt Bookshop und Restaurant.

Avenue van Volxemlaan 354, Forest
Tel: 0032 (0)2 3400050
www.wiels.org
Während der Ausstellungen:
Mittwoch – Samstag 12.00 – 19.00 Uhr,
Sonntag 11.00 – 18.00 Uhr

Architekturmuseum La Loge
Bruxellisation nennt man das Phänomen, das dazu geführt hat, dass in Brüssel Hochhäuser neben Barockjuwelen, Mietskasernen neben Art-Nouveau-Bauten stehen. Ein buntes Stadtbild, das in anderen Städten wegen der strengen Bauvorschriften selten zu finden ist. Wie die Stadt auf diese Weise wuchs, erläutern die Ausstellungen in der ehemaligen Freimaurerloge ebenso wie die Geschichte der Art Nouveau, Leben und Werk prägender Brüsseler Architekten wie Victor Horta und Henri van der Velde. Dazu gibt es Zeichnungen, Fotografien, Entwürfe, Mobiliar – und Brüssels Architektur im Comic.

Rue de l'Ermitage 86, Ixelles
Tel: 0032 (0)2 6498665
www.aam.be
Dienstag – Sonntag 12.00 – 18.00 Uhr,
Mittwoch 12.00 – 21.00 Uhr

INTERESSANTE GALERIEN

Viele leer stehende Gebäude, die billigen Mieten und viel Raum zum Experimentieren. Das ist die Atmosphäre, in der Künstler und Galeristen sich wohlfühlen. Letztere zusätzlich, weil sich in Brüssel eine wohlhabende Käuferschicht findet, der man nachsagt, dass sie Kunst nicht als Statussymbol betrachtet, sondern aus wahrem Interesse kauft. So findet sich eine immer internationaler werdende Galerien-Szene.

Barbara Gladstone
Als publik wurde, dass die legendäre New Yorker Galeristin ihre erste Europa-Dependance eröffnen würde, spekulierte die Kunstwelt über Städte wie London und Berlin. Die Überraschung: 2008 zog sie nach Brüssel – in ein Haus aus dem 18. Jahrhundert mit Kamin und knarzendem Parkett und mit Werken ihrer Kunststars wie Matthew Barney, Shirin Neshat oder Richard Prince.

Rue du Grand Cerf 12, Louise
Tel: 0032 (0)2 5133531
www.gladstonegallery.com
Dienstag – Freitag 10.00 – 18.00 Uhr,
Samstag 12.00 – 18.00 Uhr

Xavier Hufkens

Seit über 20 Jahren ist Brüssels mächtigster Galerist im Geschäft – mittlerweile in einem Betonkubus mit großer Ausstellungsfläche und Kunstlegenden wie Felix Gonzales-Torres und Louise Bourgeois, Stars wie Pierre Huyghe und Erwin Wurm und Fotografen wie Mapplethorpe und William Eggleston.

Rue Saint-Georges 6 – 8, Uccle
Tel: 0032 (0)2 6396730
www.xavierhufkens.com
Dienstag – Samstag 12.00 – 18.00 Uhr

Almine Rech

Aus Paris hat es Almine Rech in eine Dependance in einem riesigen ehemaligen Fitnessstudio gezogen, das sie aufwendig umbauen ließ. Im schicken Süden der Stadt zeigt sie Sylvie Fleury, Franz West oder Anselm Reyle.

Rue de Praetere 14, Uccle
Tel: 0032 (0)2 6485684
www.alminerech.com
Dienstag – Samstag 11.00 – 19.00 Uhr,
montags nach Vereinbarung

Jan Mot

Nur ein paar Schritte von dem Laden Martin Margielas entfernt und mitten im Mode-Quartier Dansaert, zeigt Jan Mot Konzeptkunst von Douglas Gordon bis Tino Seghal. Begonnen hat der Enthusiast Mot einst in seiner Wohnung, und bis heute ist seine Galerie eine der eigensinnigsten der Stadt – und mittlerweile auch eine der gefragtesten.

Rue Antoine Dansaert 190,
Sainte-Catherine
Tel: 0032 (0)2 514 10 10
www.janmot.com
Donnerstag – Samstag
14.00 – 18.30 Uhr
und nach Vereinbarung

Etablissement d'en face projects

Von Künstlern für Künstler: Seit 1991 betreiben sie diesen Showroom im Quartier Dansaert, sind Anlaufstelle für Brüsseler Kreative und haben Karrieren wie die von Michel François Thomas Bayrle und Harald Thys vorangetrieben. Ihre innovativen Projekte sind immer einen Blick wert.

Rue Antoine Dansaert 161,
Sainte-Catherine
Tel: 0032 (0)2 2194451
www.etablissementdenface projects.org, Mittwoch – Samstag 14.00 – 18.00 Uhr

Dépendance

Interessante moderne Galerie, die Erfolgskünstler wie den hintersinnigen Bastler Andreas Slomiski und den Bildhauer Tobias Rehberger vertritt und zahlreiche junge Künstler, davon viele mit Wohnsitz Berlin. Auch deshalb gibt es immer mal wieder Kooperationen mit den Berliner Galeristen von NEU.

Rue du Marché aux Porcs 4,
Sainte-Catherine
Tel 0032 (0)2 2177400
www.dependance.be
Mittwoch – Freitag 14.00 – 18.00 Uhr,
Samstag 12.00 – 18.00 Uhr

Galerie Les Filles du Calvaire

Malerei, Fotografie, Installation und Video, anspruchsvoll und anregend, erst in Paris und jetzt auch in Brüssel zu sehen. Unter den vertretenen Künstler ist die großartige belgische Videoforscherin Edith Dekyndt, die französischen Maler Dominique Gauthier und Edouard Prulhière sowie die kolumbianische Video-Künstlerin Adriana Arenas.

Boulevard Barthélémy 20,
Sainte-Catherine
Tel: 0032 (0)2 5116320
www.fillesducalvaire.com
Mittwoch – Samstag 11.00 – 18.30 Uhr

Galerie Erna Hécey

Eine der großen Luxemburger Galeristinnen, die seit 2005 in Brüssel ansässig ist – in einem großen ehemaligen Gewerberaum, den das Architekturbüro Lhoas & Lhoas gestaltet hat. Junge, aber auch viele, etablierte Künstler werden dort ausgestellt, unter ihnen Sophia Calle, Nan Goldin, John Armleder und Thomas Hirschhorn, Performances werden gezeigt und Lesungen gehalten.

Rue des Fabriques 1c,
Sainte-Catherine
Tel: 0032 (0)2 5020024
www.ernahecey.com
Dienstag – Freitag 14.00 – 19.00 Uhr,
Samstag 11.00 – 13.00 Uhr,
14.00 – 18.00 Uhr und nach Vereinbarung

Seinem Reichtum hat Brüssel, das Ende des 19. Jahrhunderts die wohlhabendste Stadt Europas war, die prächtigen Jugendstilbauten zu verdanken. Die neuen Baumaterialien Glas und Stahl machten es möglich, ganze Hausfassaden wie Tiffany-Lampen aussehen zu lassen und im fließenden Rhythmus der Natur zu gestalten. Im Zusammenspiel von Leben und Kunst sollte das Wohnhaus zum Gesamtkunstwerk werden, und die so jungen wie kühnen Architekten Victor Horta, Paul Hankar und Van De Velde setzten es um. 1893 baute Horta mit der „Maison Tassel" den ersten Jugendstilbau, feierte die organischen Formen in einem Design so zart wie Blumenkelche und die neuen, lichtdurchfluteten Zimmer. Heute noch sind über 350 Art-Nouveau-Bauwerke in Brüssel zu bewundern – vor allem in Ixelles und Saint-Gilles, wo viele Künstler und Freigeister lebten und die „Neue Kunst" in Auftrag gaben. Aber auch in Etterbeek sind zahlreiche Bauwerke erhalten, ebenso die ehemalige Stoffhandlung Waucquez, in der heute das Comic-Zentrum eingezogen ist. Im Prachtbau des einstigen Kaufhauses Old England befindet sich das Instrumentenmuseum, während sich am Square Ambriorix eine Art-Nouveau-Fassade an die nächste reiht.

Musée Horta

Man erkennt es schon von Weitem an seiner prächtigen Fassade – und den Warteschlangen vor dem Eingang. 1898 baute sich Brüssels gefeierter Architekt Victor Horta (1861 – 1947) in Saint-Gilles ein Wohnhaus im schönsten Jungendstil. Er sah es als Höhepunkt seiner Arbeit, und es ist ein Kunstwerk aus expressionistischen Formen, geschwungenen Marmortreppen, raffinierten Spiegelungen, Tiffany-Lampen, Mosaikböden und mit unzählbaren anderen wunderschönen Details – versammelt unter einer Glaskuppel, durch die sanftes Licht fällt.

Rue Américaine 25, Saint-Gilles
Tel: 0032 (0)2 5430490
www.hortamuseum.be
Dienstag – Sonntag 14.00 – 17.30 Uhr

Kleiner Jugendstil-Rundgang

Es gibt zahlreiche Rundgänge, die an Art-Nouveau-Bauten vorbeiführen. Einer geht vom Musée Horta aus. Biegen Sie in die Rue Africaine ein. Das Haus Nr. 92 hat Benjamin de Lestré de Fabribeckers 1905 erbaut, ebenso wie das Fabrikgebäude in der Chaussée de Charleroi 258. Biegen Sie von dort aus links auf die Chaussée de Waterloo, dann rechts in die Rue Franz Merjay und von dort aus in die Rue de la Réforme. Im Haus Nr. 4 hat der Maler Géo Bernier gewohnt und gearbeitet. Biegen Sie anschließend rechts in die Avenue du Haut-Pont, gehen Sie sie bis zur Avenue Brugmann und von dort in die Rue de la Jonction Nr. 1. Schauen Sie sich das Hotel Hannon nicht nur von außen an, gehen Sie hinein und bewundern Sie das Treppenhaus. Folgen Sie von dort aus der Rue Félix Delhasse. Haus Nr. 24 wurde 1904 von Émile Lambot erbaut, die Häuser Nr. 11a und Nr. 13 im Jahr 1907 von dem Architekten Paul Hamesse. Biegen Sie links in die Rue Henri Wafelaerts ein. Die Klinik des Doktors Van Neck, Nr. 53, hat Antoine Pompe 1910 erbaut. Richtung Gare du Midi, dem Hauptbahnhof, kommen Sie in der Rue Vanderschrick vorbei. Gleich die ganze Häuserzeile – Nr. 1 bis Nr. 25 – hat Ernest Blerot 1900 entworfen.

Tipp: Wollen Sie in originaler Jugendstil-Kulisse einen Café trinken, gehen Sie in das Hotel Metropole (Place de Brouckère), auf einen Tee in den Salon Comptoir Florian (Rue Saint-Boniface 17). Ihren Aperitif sollten Sie im Restaurant Le Cirio nehmen (Rue de la Bourse 18).

Alle zwei Jahre findet im Herbst die Jugendstil-Biennale statt. Ein Höhepunkt: die Innenbesichtigung von Wohnhäusern und Geschäften, die normalerweise nicht zugänglich sind. Die nächste ist für 2011 geplant. Nähere Infos finden Sie unter www.voiretdirebruxelles.be

Die Belgier sind bekannt für ihren trockenen Humor, ihre Gabe, sich über sich selbst lustig zu machen – und deshalb leben hier pro Quadratkilometer auch die meisten Comic-Autoren weltweit.
Fremdherrschaft und Zensur haben die „Neunte Kunst" zusätzlich gefördert, die in den 30er-Jahren ihren Siegeszug eröffnete, als Hergé die Abenteuer des Reporters Tim und seines Hundes Struppi erfand. Die Reihe begann übrigens an der Place du Jeu de Balle, wo heute der berühmte Flohmarkt ist. Erfolge wie Lucky Luke, die Schlümpfe und das Marsupilami folgten.

Comics, in denen Brüssel eine zentrale Rolle spielt:
„Brüsel, eines der Meisterwerke der Stadt" aus der Reihe „Die geheimnisvollen Städte" von Schuiten und Peeters: eine fantastische Stadt-Reise und Hommage zugleich an die Jugendstil-Architektur von Victor Horta.

„Klein Albert und Bob Fish" des Franzosen Yves Chaland: authentisch rekonstruiertes Brüssel der 50er-Jahre und der berühmten Expo 58.

Auch „Die Sarkophage des 6. Kontinents" (Text: Yves Sente, Zeichnungen: André Juillard) spielt während der Expo 58.

„Bidouille et Violette" von Yslaire: Die Liebesgeschichte zweier Jugendlicher zeigt ein Brüssel, dessen Parks nach und nach Bausünden zum Opfer fallen.

Centre Belge de la Bande Dessinée
Neben vier Comic-Hochschulen besitzt Brüssel ein eigenes Comic-Museum. Dessen Sammlung, die von der Geschichte des Comics, von Tim und Struppi, Lucky Luke, den Schlümpfen und anderen gezeichneten Helden erzählt und in zahlreichen Sonderausstellungen auf Zeichner, Texter und neueste Entwicklungen eingeht, ist so berühmt wie das Gebäude selbst. Es entwarf der Jugendstilmeister Victor Horta samt prächtigem Glasfußboden. Angeschlossen ist ein großer Comic- und Souvenirladen. Aber Achtung: Die Sprechblasen sind auf Französisch und Niederländisch.

Rue des Sables 20, Zentrum
Tel: 0032 (0)2 2191980

www.cbbd.be
Dienstag – Sonntag 10.00 – 18.00 Uhr

Fassaden-Comics

Über 30 Hauswände wurden seit Anfang der 90er-Jahre mit Szenen aus berühmten Comics bemalt, und immer wieder kommen neue hinzu. Ein Faltblatt des Office de Tourisme führt von Station zu Station. Für einen ersten Eindruck werfen Sie einen Blick in folgende Straßen:
Wie eine Fata Morgana erstrahlt in der Rue Marché au Charbon eine der fantastischen Welten von François Schuiten mit Türmen und Hausdächern, ein Stückchen weiter flanieren Broussaille Spirou über eine Häuserwand und auch der elegante „Victor Sackville" von Francis Carin. In der Rue de la Buanderie hingegen stellen sich Lucky Luke und sein Gaul Jolly den strohdoofen Dalton-Brüdern, die mal wieder eine Bank ausgeraubt haben, in den Weg, während in der Rue Piermans „Le Petit Jojo" von Geerts André gleich auf zwei Etagen sein Unwesen treibt.

ANTIQUITÄTEN

Über Flohmärkte und durch Antiquitätenläden zu ziehen ist ein Hobby der Brüsseler, und dementsprechend groß ist das Angebot.
Der schickste Antiquitäten-Flohmarkt findet am Wochenende an der Place du Grand Sablon statt. In dicken Autos fahren die Interessenten vor, das Publikum beobachtet das Treiben von den Cafés rund um den Platz. Das Angebot ist frühmorgens am besten, das Publikum um die Mittagszeit.

Place du Grand Sablon, Zentrum
Samstag 9.00 – 18.00 Uhr, Sonntag 9.00 – 14.00 Uhr

Traditionsreich auch der Flohmarkt an der Place du Jeu de Balle im Antiquitäten-Viertel Marolles. Er findet täglich statt, aber Einheimische meiden ihn am Wochenende, denn sie wissen, dass dann das Angebot am magersten ist und die Preise am höchsten sind.

Place du Jeu de Balle, Marolles
Täglich 6.00 – 14.00 Uhr

Ein anschließender Besuch im Le Chaff, dem Café am Platz, ist auf jeden Fall lohnenswert. Auf zwei Etagen und von der Terrasse lässt sich das Flohmarkttreiben entspannt beobachten.

Place du Jeu de Balle 21-22, Marolles
Tel: 0032 (0)2 5025848
Täglich ab 8.00 Uhr, Open End

Nahe der Place du Jeu de Balle gehen die Rue Haute und die Rue Baes ab, die mit Retroläden und Einrichtungshäusern gesäumt sind.

ReUse

Die Möbel von ReUse möchte man sofort wieder verwenden: schönstes und ausgesuchtes Design aus den 40ern, 50ern, 60ern und eigensinnige Einzelstücke, bei denen nicht das Jahr, sondern einzig der Stil zählt. In dem kleinen, schmalen Laden zählt Klasse statt Masse, und am liebsten würde man mit einem Transporter vorfahren, um die Design-Schätze alle mit nach Hause zu nehmen.

Rue Haute 75, Marolles
Tel: 0032 (0)4 94376693
Mittwoch – Samstag 12.00 – 18.00 Uhr,
Sonntag 10.00 – 17.00 Uhr

Haute Antiques 207

Ein Antiquitätenhaus mit Möbeln, die an lichtdurchflutete Landhäuser erinnern, aber man entdeckt auch einiges im 60er- und 70er-Design. Da sich hier auf mehreren Etagen gleich 40 Händler zusammengefunden haben, ist die Auswahl groß.

Rue Haute 207, Marolles
Tel: 0032 (0)2 5489480
www.hauteantiques207.be
Täglich 10.00 – 18.00 Uhr

STADTVIERTEL

19 Stadtviertel hat Brüssel, jedes mit eigenem Bürgermeister, und jedes pflegt seinen ganz eigenen Charakter. Die interessantesten:

Altstadt

Îlot Sacré, heiliges Inselchen, wird das Quartier rund um die Grand' Place genannt. Die Galéries Royales, die königlichen Passagen, mit ihren neoklassizistischen Säulen und dem lichten Glasdach befinden sich dort, kleine verwunschene Gässchen, aber auch die berühmt-berüchtigte Fressgasse, die sich immer mehr in eine billige Pizza-Meile verwandelt. Architektur-Juwelen aus Gotik und Barock finden sich hier – aber auch viel Touristennepp. Nahe der Börse grenzt das Mode-Quartier rund um die Rue Antoine Dansaert an.

Marolles

Das Viertel der Flohmärkte, Trödler und Vintage-Boutiquen, dessen hügelige Straßen im Schatten des Justizpalasts liegen. Stundenlang kann man hier durch die Straßen ziehen, nach Sixties-Möbeln, Nierentischen, afrikanischen Statuen und skandinavischen Design-Klassikern stöbern.

Ixelles und Saint-Gilles

Einst waren es zwei kleine Dörfer, heute sind Ixelles und Saint-Gilles die trendigen Viertel der Stadt mit interessanten Bars, Cafés und vielen Expats. Da diese Gegend schon immer fortschrittliche Geister anzog, finden sich hier die meisten Jugendstilbauten der Stadt, einschließlich des Wohnhauses von Architekt Victor Horta selbst.

Quartier Châtelain-Bailli

Bunte Geschäfte und lauschige Straßencafés rund um die Kirche Sainte-Trinité. Wer es schicker mag, ist in ein paar Schritten auf der Luxusmeile Avenue Louise, wo sich die hochkarätige internationale Modeszene angesiedelt hat.

AFRIKA IN BRÜSSEL

Getrocknete Insekten, Yam-Knollen, Maniok und Stockfisch, Friseurinnen, die stramme Zöpfe flechten und Haare glätten, dazu Verkaufstische mit bunten Stoffen, kongolesische Bars, aber auch seelenlose Hochhäuser und Ableger großer Ketten: Matongé, nach einem Stadtteil von Kinshasa benannt, ist das bunteste Viertel der Stadt. Familien aus Ruanda, Burundi, Mali, dem Senegal und anderen afrikanischen Staaten leben und arbeiten hier, dazu Studenten, die den einzigartigen Mix lieben und die exotische Atmosphäre. Aber auch hier macht die Gentrifizierung nicht halt. Viele der charmant gealterten Gründerzeithäuser werden aufwendig renoviert, Werber, Rechtsanwälte und Medienleute ziehen dort ein.

Auch wenn Pommes weltweit French Fries heißen: Sie kommen aus Belgien, das ist verbürgt. Nicht ganz klar ist allerdings, warum sie „französisch" genannt werden. Es heißt, dass diese Bezeichnung während des Ersten Weltkriegs entstanden sein könnte, als Soldaten aus Übersee in Flandern landeten und dort belgische Soldaten trafen, die Französisch sprachen. Eine andere Erklärung besagt, dass „French" für „to french" steht, das Schneiden von Gemüse in längliche Streifen. In Belgien entstanden die Frites auf jeden Fall 1680, und das aus einer Not heraus. Weil ein besonders harter Winter die wallonischen Flüsse und Seen zufrieren ließ und die einfachen Leute ihre beliebte Spezialität – frittierte kleine Fischchen – nicht mehr bekamen, hatte ein findiger Gastwirt eine lukrative Idee. Er schnitt Kartoffeln so dick und in dieselbe Form wie die Fischstücke, frittierte sie ebenfalls und bot sie in seinem Gasthaus an. Ein voller Erfolg. Zumindest in Belgien. Denn es dauerte weitere 200 Jahre, bevor die Pommes den Rest der Welt begeisterten – und noch heute gibt es die besten in Belgien selbst. Doch warum sind belgische Pommes die besten? Auch, weil sie handgemacht sind: aus Kartoffelsorten wie Bintje, Agria und Désirée, die, in dicke Stäbchen geschnitten, in Rinderschmalz frittiert werden und das gleich zweimal. Erst kurz und bei niedriger Temperatur, dann kühlen sie ab und kommen zum knusprigen Bräunen noch einmal ins Fett. Serviert werden sie in Papiertütchen auf die Hand und mit zahlreichen Saucen.

Die beliebtesten:
Andalouse – mild-tomatig, würzig
Américaine – tomatig und würzig
Mafia – tomatig und etwas scharf
Pili pili – tomatig und sehr scharf
Tartare – klassische Remoulade
Pickles – sauer und mit Gemüsestückchen
Curry – exotisch indisch
Spécial – Tomate, Mayonnaise mit Zwiebelstückchen
Cocktail – klassisch mit Tomaten und Whiskey
Mayonnaise
Poivre (Pfeffersauce)

Dazu isst man gern Frikadellen oder Hähnchen. Ein besonderer Sattmacher: Pommes im getoasteten, zugeklappten Baguette, das innen mit verschiedenen Saucen bestrichen ist.

Martin Apers

Eine Legende in Brüssel war Martin Apers Pommesbude „Frites Martin", in einem der ärmeren Viertel und direkt an der Place Saint-Josse gelegen. Seit über 50 Jahren brutzelte Martin dort seine Bintjes-Kartoffeln in frischem Rinderfett außen knusprig und innen herrlich zart und servierte sie mit selbst gemachten Saucen. Weihnachten 2009 ist er in den Ruhestand gegangen und hinterlässt eine riesige Lücke in der belgischen Fritten-Kultur.

Maison Antoine

Da zu einem Brüssel-Besuch eine Tüte Pommes gehört, kann man alternativ die preisgekrönte Pommesbude Maison Antoine aufsuchen. Deren Pommes frites werden regelmäßig von der New York Times ausgezeichnet, Charme aber sucht man dort vergeblich. Um mit dem Andrang fertig zu werden, wird darauf verzichtet, die frittierten Kartoffelstäbchen Schicht für Schicht und in aller Ruhe zu salzen, und die zahlreichen Saucen sind bereits vorab in kleinen Plastiktöpfchen verpackt.

Place Jourdan 1, Etterbeek
Tel: 0032 (0)2 305456
www.maisonantoine.be
Sonntag – Donnerstag
11.30 – 1.00 Uhr, Freitag und Samstag
11.30 – 2.00 Uhr

Ist man am Café Belga, kann man sich aber auch in die Schlange einreihen, die sich vor der Pommesbude Flaty direkt gegenüber regelmäßig bildet.

ANDERE BELGISCHE SPEZIALITÄTEN

Moules & Frites

Belgisches Nationalgericht. Gegessen werden die Muscheln fangfrisch und unterschiedlich verfeinert: Es gibt Moules nature mit etwas Grün, „à la bière" mit Biersauce, „à la crème" mit heller Sauce und Grün in den Varianten süß und sauer-scharf und auf vielerlei andere Art und Weise angerichtet – und immer gibt es Frites, belgische Pommes, dazu.

Chicorée

Ein Gemüse, an dem man in Belgien

nicht vorbeikommt: roh, gedünstet, angebraten, überbacken und sogar als Eis wird es serviert. Ein Klassiker: Gratin au Chicons: mit Käse überbackener Chicorée, manchmal auch zusätzlich mit Schinken.

Waterzooi

Von wegen „Wassersuppe“, wie der Name vermeintlich sagt: dicker Geflügel- oder Fischeintopf, mit viel Gemüse und ordentlich Sahne, serviert mit gerösteten Weißbrotscheiben.

Belgische Waffeln

Man unterscheidet zwischen Brüsseler Waffeln, die eher weiche Eierwaffeln sind, und den berühmten Lütticher Waffeln, dick und zuckersüß und die vor Butter triefen. Gerne werden sie auch mit frischen Früchten, Sahne oder Schokoladensauce serviert.

Belgische Pralinen

Brüssel ist Welthauptstadt der Praline. 1912 füllte der experimentierfreudige Jean Neuhaus junior, der die „pharmazeutische Confiserie“ seines Vaters übernommen hatte, zum ersten Mal Schokolade und nannte das Ergebnis Praline. Eine Sensation und ein großer Schritt auf dem Weg der Schokolade, die bis dahin als Medizin galt, zum Luxusgut. Führend als Schokoladenland war Belgien schon im 19. Jahrhundert, da man in diesem Land mit seinen Kolonien wesentlich günstiger an Kakaobohnen herankam. Heute gibt es hier ebenso Traditionsfirmen als auch junge Stars und Chocolatiers wie Leonidas, Godiva, Galler und Marcolini, die von Belgien aus in die ganze Welt expandiert sind.

Tipp: Kaufen Sie in den traditionellen Chocolaterien, aber auf keinen Fall in den hübsch aufgemachten Pralinen-Läden rund um die Touristen-Attraktionen Grand' Place oder Manneken Pis. Schick verpackt werden dort minderwertige No-Name-Pralinen verkauft und das auch noch zu horrenden Preisen. Das Imperium gehört zwei bulgarischen Brüdern, die ihre Souvenirläden vor ein paar Jahren kurzerhand in lukrative Pralinengeschäfte umbauten.

Spekulatius

In Brüssel und vom Traditionshaus Dandoy wurde der Gewürzkeks unweit der Grand' Place erfunden. Den Laden von 1826 gibt es noch heute (Rue au Beurre 31) und dazu einige Filialen, in denen mitunter zickige Verkäuferinnen köstliche Butterkekse verpacken, Spekulatius-Nikoläuse und den schlichten Klassiker – und japanische Touristen geduldig davor Schlange stehen.

Bier (siehe auch Seite 73f)

In Belgien werden mehr als 400 Biersorten gebraut, und viele davon sind sehr hochprozentig. Das geht auf das Spirituosenverbot von 1919 zurück, das man umschiffen wollte, indem man Bier mit einem hohen Alkoholgehalt produzierte. Obwohl es nie ein Reinheitsgebot gab, ist die Qualität sehr gut – und dem Geschmack sind keine Grenzen gesetzt: herb, süß, bitter, fruchtig, säuerlich, würzig, mit Pfirsich-, Kirsch- oder Erdbeer-Aroma. Eine besondere Spezialität: das Lambic, welches nach einem speziellen Verfahren einzig in Brüssel und seiner näheren Umgebung gebraut wird. Der säuerliche Geschmack entsteht, weil die Gärung nicht von Hefe in Gang gesetzt wird, sondern von dem Bazillus Bretanomyces bruxellensis, der nur in Belgiens Hauptstadt vorkommt, sich in Balken, Fassholz und Fußdielen festsetzt und von dort aus in das offen gärende Bier gerät. Sehr köstlich: das Blanche, dessen Gärungsvorgang abgebrochen wurde und das hell und leicht ist. Sehr eigensinnig: Kriek, bei dem das Lambic mit Fruchtaromen von Kirsche oder Schwarzer Johannisbeere versetzt werden.

DIE BESTEN MÄRKTE

Die Brüsseler lieben ihre Märkte, kaufen dort bergeweise Gemüse und Spezialitäten und treffen sich anschließend in den angrenzenden Cafés auf einen Espresso – oder ein Bier.

Place du Châtelain

The Place to Be: Yuppies, Künstler und Gourmets stöbern an den Ständen der vielen Biobauern aus Brabant. Vorzügliche Milchprodukte, köstliche Marmeladen, bester Honig, ausgezeichnete Tartes und Gemüse in Bio-Qualität. Der Imbisswagen des Café des Spores macht hier auch manchmal Stopp. Schließt der Markt, geht es in den Cafés und Bars am Platz rund, und viele Einkäufe werden erst spätabends nach Hause getragen.

Place du Châtelain, Louise
Mittwoch 14.00 – 19.00 Uhr

Place Wiener
Während sich viele Touristen um den Markt am Gare du Midi drängen, wo der Trubel groß, die Qualität aber mittelmäßig ist, geht es im Intellektuellenbezirk Watermael-Boitsfort gelassener zu. Im Angebot: Biowaren, eine große Rohmilchkäse-Auswahl, Spezialitäten aus Italien und Nordafrika, tolle Kräuter und Gewürze.

Place Wiener, Watermael-Boitsfort
Sonntag 9.00 – 14.00 Uhr

Place van Meenen
Ein alteingesessener Markt mit genauso alteingesessenen Händlern und guten Bio-Produkten aus der Region. Man besinnt sich wieder auf Tradition, und der Markt erlebt eine Renaissance auch unter jüngeren Leuten.

Place van Meenen, Saint-Gilles
Montagvormittag

DIE SCHÖNSTEN JOGGINGSTRECKEN

Eine sehr schöne, wenn auch nicht allzu lange Joggingstrecke führt durch den Parc de Bruxelles. Entweder man läuft außen herum auf Asphalt oder die geraden königlichen Baumalleen entlang, von denen aus man einen herrlichen Blick auf die Prachtgebäude drum herum hat. Natürlich kann man die Strecke beliebig Runde um Runde verlängern – zu sehen gibt es dabei immer was. Außer der imposanten Architektur die Au-pairs, Studenten, verliebten Paare, Touristen auf dem Weg ins Musée Magritte oder die zahlreichen anderen Jogger.

Will man eine längere Strecke laufen, kann man von der Ostseite des Parks an der Rue Ducale in die Rue Belliard einbiegen, die schnurgerade auf den Parc du Cinquantenaire mit seinem Triumphbogen und den acht Frauenstatuen, die jeweils eine Provinz Belgiens symbolisieren, führt. Umrundet man ihn, gelangt man auf der Avenue Renaissance, der Avenue Cortenbergh und auf der Rue de la Loi und quer durchs Europaviertel zurück zum Parc de Bruxelles.

Süße Aussicht auf Brüssel

So edel es in dem Laden Mary Chocolatier zugeht, so sehr ist die unmittelbare Umgebung des Feinkostladens ein Kontrastprogramm. Auf der anderen Straßenseite ragen leer stehende, halb verfallene und besprühte Hochhausbauten in den Himmel, stehen Blumenkübel mit verdörrtem Grün – und ein paar Bänke. Lässt man sich dort nieder, hat man einen so herrlichen wie ungestörten Blick auf die Altstadt, die unter einem liegt – samt Église St-Nicolas nahe der Börse, der Rückseite des Hotels Metropole und einer Sicht bis zu den Ausläufern der Stadt.
Suchen Sie sich bei Mary Chocolatier ein paar Pralinen aus, lassen Sie sich auf einer der Bänke nieder, und vernaschen Sie die Köstlichkeiten mit wunderbarem Blick auf die Stadtkulisse.

Mary Chocolatier, Rue Royale 73, Zentrum
Tel: 0032 (0)2 2174500, www.marychoc.com
Öffnungszeiten: Montag – Samstag 10.00 – 18.00 Uhr

Grand' Place
Einer der schönsten Plätze Europas, gesäumt von barocken Tuchhäusern und der gotischen, reich verzierten Rathausfassade. Auf der Spitze des Rathaus-Turms steht eine vergoldete Statue, die den Patron Brüssels, den Erzengel Gabriel, im Kampf mit einem Drachen zeigt. Im Sommer werden die Flanierenden von den Cafébesuchern beobachtet, im Winter steht auf der Grand' Place der größte Weihnachtsbaum der Stadt.

Basilique du Sacré-Cœur
89 Meter hoch, 167 Meter lang und 108 Meter breit, ist die viertgrößte Kirche der Welt aus dem Stadtbild nicht wegzudenken. Ein gewaltiger Bau, dessen Grundstein 1905 gelegt, aber erst 74 Jahre später fertiggestellt wurde. Expressionistische Einflüsse sind ebenso zu erkennen wie der Stil des Art Nouveau. Aus der Kuppel hat man einen wunderbaren Blick auf die Stadt.

Château Royal
Das Königsschloss, im neoklassizistischen Stil erbaut und 1872 eingeweiht. Immer wieder führt der Weg durch die Stadt an dem großen Vorplatz vorbei. Besonders schön: die königlichen Gewächshäuser, die jedes Jahr Ende April ein paar Wochen für das Publikum geöffnet werden.

Manneken Pis
Der kleine Kerl – und er ist wirklich klein – ist ein Phänomen: Seit 1619 pinkelt der nackte Knabe in den Brunnen Ecke Rue de l'Etuve und Rue du Chêne und zieht damit jede Menge Touristen an. Besonders beliebt: die Tage, an denen er in einem seiner über 700 Kostüme posiert. Spielt die Fußball-Nationalmannschaft, trägt er deren Trikot, hat Elvis Todestag, ein Rock-'n'-Roll-Outfit, aber auch Trachten und Uniform. Da das Manneken mehrfach gestohlen wurde, steht heute an seiner Stelle eine Kopie.

Musée Royal de l'Afrique centrale

Auf den ersten Blick könnte man meinen, in Sanssouci zu sein. So sehr ähnelt der Bau, in dem das Königlich Afrikanische Museum untergebracht ist, dem Potsdamer Schloss. König Leopold II. ließ ihn zu Beginn des 20. Jahrhunderts im vornehmen Vorort Tervuren errichten. In Dioramen und Modellen und bis zum Ende der Kolonialzeit 1960 stellten Wissenschaftler Wirtschaft, Natur und Kultur Zentralafrikas und speziell des Kongos dar. Bis heute wird die Sammlung immer wieder ergänzt. Ein Highlight: Tausende Masken und Plastiken – und der weitläufige Park, durch den Sie bei einem Besuch unbedingt wandeln sollten. Schön auch der Shop mit afrikanischen Kunstwerken.

Anfahrt vom Gare du Midi ca. 45 Minuten: Nehmen Sie die Metro 1B Richtung Stockel, und fahren Sie bis zur Station Montgomery. Nehmen Sie dort die Straßenbahn 44, und fahren Sie bis zur Endstation. Von dort aus sind es 300 Meter bis zum Museum.

Leuvensesteenweg 13, Tervuren
Tel: 0032 (0)2 7695211
www.afrikamuseum.be
Dienstag – Freitag 10.00 – 17.00 Uhr,
Samstag + Sonntag 10.00 – 18.00 Uhr

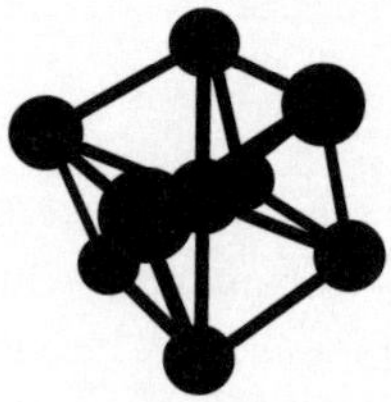

Atomium

Das Wahrzeichen der Weltausstellung 1958 – und bis heute ein architektonischer Meilenstein. Mittlerweile rundum restauriert, glänzen die miteinander verbundenen Kugeln von André Waterkeyn, die ein Eisenkristall in 165-milliardenfacher Vergrößerung zeigen. Am Abend fasziniert ein Lichterspiel des deutschen Lichtdesigners Ingo Maurer. Tagsüber spektakuläre Ausblicke aus dem Aufzug, der einst der schnellste Europas war und dessen Tempo bis heute beeindruckend ist, Panoramablick vom

Restaurant in der obersten Kugel. Das Atomium ist bequem mit der Metro zu erreichen. Station: Heysel

Boulevard du Centenaire, Laken
Tel 0032 (0)2 4754747
www.atomium.be
Montag bis Sonntag 10.00 – 18.00 Uhr

Bois de la Cambre
Der Park beginnt am Ende der luxuriösen Avenue Louise und liegt nur etwas abseits vom Zentrum, aber versprüht dennoch ländliche Idylle. Auch wenn sich am Wochenende ganz Brüssel dort trifft: um auf einer Reihe von Straßen, die Samstag und Sonntag gesperrt sind und durch den Wald führen, Rad zu fahren, zu skaten und zu joggen. Oder um zu der Abbaye de la Cambre, einem Zisterzienserkloster aus dem Mittelalter mit gotischer Kirche und barocken Klosterbauten, zu spazieren.

www.brusselsgreen.com

BUCHTIPPS

Eric-Emmanuel Schmitt: Das Kind von Noah
Der französische Starautor Schmitt, durch Erfolge wie „Monsieur Ibrahim und die Blumen des Koran" bekannt, lässt seinen dritten Roman über die Weltreligionen im Belgien zur Zeit des Zweiten Weltkriegs spielen – und würdigt den belgischen Widerstand. Joseph ist jüdisch und sieben Jahre alt, als er in der „gelben Villa" von Pater Bims untertauchen muss. Er lehrt das Kind, wie er seine Religion gegen die Bedrohungen der Welt verteidigen muss.

Amélie Nothomb: Böses Mädchen
Roman über eine Mädchenfreundschaft an Brüssels Freier Universität. So unterhaltsam wie abgründig schildert die belgische Autorin Amélie Nothomb, die als Diplomatentocher in vielen Ländern der Welt aufwuchs, 1992 aber nach Brüssel zurückkehrte, wie Christa nach und nach ihre Freundin Blanche zerstört.

FILMTIPPS

Le Far-West, Jacques Brel, Frankreich/ Belgien 1973

Schräges Werk, in dem Brüssels berühmter Sohn Jacques Brel zum zweiten und letzten Mal Regie führte – und auch die Hauptrolle spielte. Als einsamer Cowboy zieht er durch seine Heimatstadt, trifft auf den Indianerhäuptling Michel Piccoli, auf den Häftling Lino Ventura und auf andere große Stars wie Juliette Gréco und Regisseur Claude Lelouch.

Das Auge, Claude Miller, Frankreich 1982

In diesem hochgelobten Krimi begibt sich der desillusionierte Detektiv Beauvoir (Michel Serrault), auch „das Auge" genannt, auf die blutige Fährte der schönen Catherine (Isabelle Adjani). Sie führt quer durch Brüssel und durch die Gänge des Hotel Metropole in der Altstadt.

Private Property, Joachim Lafosse, Belgien 2006

Isabelle Huppert spielt die Mutter zweier zügelloser Zwillingssöhne. Während sie in ihrem großen Haus außerhalb der Stadt ihrer Alltagsroutine nachgeht, vergnügen sich die Jungs rund um Brüssels Place Georges Brugman und in anderen Trendvierteln. Gefeiertes Familiendrama von Belgiens Shootingstar Joachim Lafosse.

PERSÖHNLICHKEITEN

Unglaublich, wie viele große Namen diese kleine Metropole hervorgebracht hat. Unter ihnen:

René Magritte (1898 – 1967)

Belgiens berühmtester Surrealist, der an der Brüsseler Akademie der Schönen Künste studierte, ab 1923 als Plakatmaler und später als Redakteur arbeitete – bevor er in seinen flächigen Motiven Wirklichkeit und Traum vermischte, mit optischen Täuschungen spielte, Sehgewohnheiten erschütterte und weltberühmt wurde. Er ließ Männer mit schwarzen Hüten vom Himmel regnen, Füße zu Schuhen werden, verwandelte Wolken in eine Taube, malte eine Pfeife und schrieb darunter „Dies ist keine Pfeife“. Im Juni 2009 eröffnete in Brüssel das spektakuläre Musée Magritte mit der weltweit größten Sammlung seiner Werke.

Jacques Brel (1929 – 1978)

Keiner sang den Chanson wie er. Stimmte Jacques Brel den ersten Ton an, verwandelte er sich in ein wildes Tier, grimassierte, fuchtelte mit den Händen, verbog sich, sang mit leidvoller Miene oder prangerte wütend Politik und soziale Ungerechtigkeiten an. Genauso berühmt wie seine Musik waren seine zahlreichen Affären und sein unkonventionelles Leben. Da er nicht als „alter Sänger“ enden wollte, zog er sich mit nur 40 Jahren von der Bühne zurück. Als kurze Zeit später bei ihm Lungenkrebs diagnostiziert wurde, segelte er über die Weltmeere und ließ sich auf einer kleinen Insel in Französisch-Polynesien nieder. Sein Zustand verschlechterte sich, und er kehrte nach Bobigny zurück, wo er mit nur 49 Jahren starb. Brüssel ehrt Brel mit einem eigenen Museum, der Fondation Internationale Jacques Brel (Vieille Halle aux Blés 11).

Claude Lévi-Strauss (1908 – 2009)

Der berühmte Ethnologe wurde in Brüssel geboren, während des Ersten Weltkriegs jedoch zu seinen Großeltern nach Versailles geschickt – und bereiste später vor allem den Amazonas, aber auch den Rest der Welt. Systematisch untersuchte er Sprache und Kultur, weltberühmt der Reisebericht „Triste Tropen”, seine Faszination für schriftlose Kulturen und seine Auffassung, dass die westliche Welt sich qualitativ nicht von der „primitiven” unterscheide. Auch wenn Lévi-Strauss die französische Staatsbürgerschaft annahm, schätzen die Belgier ihn als einen der Ihren.

Chantal Akerman (*1950)

Die belgische Filmregisseurin wurde als Tochter polnischer Holocaust-Überlebender in Brüssel geboren, studierte in Paris – und wurde mit Experimentalfilmen berühmt, die radikal mit herkömmlichen Erzähltechniken brachen und häufig feministische Themen haben. Ihre Arbeiten sind in großen Sammlungen vertreten und wurden auf der Documenta 11 gezeigt. Mehr als 40 Kurz- und Langfilme hat sie gedreht, sich aber auch dem kommerziellen Kino zugewandt, 1995 die Liebeskomödie „Eine Couch in New York" mit Juliette Binoche inszeniert. Viele ihrer Filme spielen in Brüssel, unter anderem „Jeanne Dielman, 23 Quai du Commerce, 1080 Bruxelles", ein Klassiker des modernen Kinos.

Tourist office:
Brussels International, Altstadt
Hôtel de Ville
Grand' Place
Tel: 0032 (0)2 5138940
www.brusselsinternational.be
Täglich 9.00 – 18.00 Uhr,
an den Wintersonntagen 10.00 – 14.00 Uhr

City-Websites:
www.brussels.be
http://kultur.flandern.de

Telefonieren:
Belgien: 0032
Brüssel: 02

Transport Flughafen:
Flughafen Zaventem
Schnellste Verbindung:
Brussels Airport Line, regelmäßige S-Bahn-Linie zu den drei Bahnhöfen, ca. 30 Min., Fahrschein One Way 3 Euro, gegen Aufpreis kann man ihn auch im Zug lösen
www.brusselsairport.be
Taxi: ca. 35 Euro

Taxiruf:
Autolux Tel: 0032 (0)2 4111221
Taxis Orange Tel: 0032 (0)2 3494343

Achtung: In Brüssel sind Taxis rund um die Uhr ausgelastet; an der Straße eines heranzuwinken ist nahezu unmöglich. Gehen Sie in das nächste Café/Restaurant etc., und lassen Sie von dort ein Taxi rufen. Mit Wartezeiten muss gerechnet werden.

Fahrradverleih:
Villo – Selbstausleihsystem der Stadt Brüssel mit mehr als 50 Stationen
www.villo.be
Hotline: 078 051110 (in Brüssel)

Stadtmagazin:
The Word, erscheint 6-mal jährlich, stylishes Magazin, das um Mode, Kunst und Musik kreist, liegt in Boutiquen/Shops aus.

Brussels Card:
Freier Eintritt in 30 Museen, Benutzung von Bus, Metro und Bahn, Ermäßigungen in Restaurants und Bars plus Gratis-Stadtplan und Info-Guide. Die Karte gibt es für 24, 48 oder 72 Stunden und für 20, 28 oder 33 Euro. Erhältlich bei der Tourist Information, in ihren Zweigstellen und im Internet.

www.brusselscard.be

MEIN PERFEKTES WOCHENENDE

Freitag:

Samstag:

Sonntag:

NOTIZEN

NOTIZEN